时代之巅

互联网构建新经济

水木然　著

電子工業出版社
Publishing House of Electronics Industry
北京 · BEIJING

内 容 简 介

在互联网技术的冲击下，我们的社会特别是企业正在发生经济秩序的变迁。在这种变迁中涉及人们的生活方式和经济结构将会呈现革命性的变化。在当前的经济转型时期，企业最重要的任务不再是发现市场和机会，而是必须思考自己的核心竞争力是什么，如何围绕核心竞争力来构建商业模式，在市场上取得独特地位。

本书对个人发展规划、企业战略布局给予了建议，同时对中国未来、世界趋势作出展望，注重归纳和总结，呈现规律和本质，期待读者能更进一步地了解各种变化的真相。

本书适合互联网从业者、企业管理人员、政府监管者等阅读，也适用于对商业变革有着浓厚兴趣的投资者、研究人员以及高校的广大师生等相关人士。

图书在版编目（CIP）数据

时代之巅：互联网构建新经济 / 水木然著. —北京：电子工业出版社，2016.7
ISBN 978-7-121-29329-0

Ⅰ. ①时… Ⅱ. ①水… Ⅲ. ①网络经济－研究 Ⅳ.①F062.5

中国版本图书馆 CIP 数据核字（2016）第 155372 号

策划编辑：李 洁
责任编辑：刘真平
印　　刷：天津画中画印刷有限公司
装　　订：天津画中画印刷有限公司
出版发行：电子工业出版社
北京市海淀区万寿路 173 信箱　邮编 100036
开　　本：720×1 000　1/16　印张：16　字数：245 千字
版　　次：2016 年 7 月第 1 版
印　　次：2023 年 3 月第 15 次印刷
定　　价：65.00 元

凡所购买电子工业出版社图书有缺损问题，请向购买书店调换。若书店售缺，请与本社发行部联系，联系及邮购电话：（010）88254888，88258888。
质量投诉请发邮件至 zlts@phei.com.cn，盗版侵权举报请发邮件至 dbqq@phei.com.cn。
本书咨询联系方式：lijie@phei.com.cn。

前　言

PREFACE

人类的发展得益于科技日新月异的进步，科技是社会发展的第一生产力，同时科技变革也会促进商业逻辑的变化，从而对社会的经济结构产生深远的影响。

为了更好地描绘这种变革，笔者先后从科技、商业和经济三个不同的角度较为完整地梳理了互联网时代在科技变革大潮下将给整个社会带来的种种机遇与思考。

其中，《工业 4.0 大革命》讨论的是科技进步下，新技术革命带来的深远影响不仅会波及我们每个人的生活，也将和“互联网+”、“中国制造 2025”一起推进中国经济的转型和升级。《跨界战争——商业重组与社会巨变》讨论的是商业变革中的机遇与挑战。在这部适合大众类读者阅读的经济类科普读物中，我们不难看到国企改制中的艰难和希望，从新时代下世界格局的划分中看清美国作为世界霸主、美元成为世界通用货币背后真正的原因——美国的本质。美国既不属于美国人民，也不属于美国政客，而是属于美国金融财团的。这个财团既不是政治性的也不是经济性的，它的目的只有一个——敛财！《时代之巅——互联网构建新经济》讨论的是新经济模式下的经济变迁，在这种变迁中涉及每个人的生活方式和经济结构的革命性的变化。这三本不同的作品既有各自的独立性又有一定的联系，也可姑且称之为“变革三部曲”。

2015 年是世界经济的冰河时期。全球经济模式已经被西方模式主导了 300 年，如今全球经济持续萎靡，各国的强刺激政策越来越失灵，而且政治角逐加剧，恐怖混乱频繁，这说明平衡即将被打破，世界又将面临一次大调整。从本质上来讲，传统的经济发展模式已经无法适应互联网这股先进的生产力了。

而这恰恰是中国最好的机会，2016 年就是中国的“破冰时期”。

这一轮世界变迁的主导者是美国和中国，但是两个国家的特点大不相同。

美国从第二次工业革命开始，已经连续三次引导社会变革了，所以美国的传统产业更发达，很多互联网公司都是传统企业转型过来的，所以变革比较温和，是在传统产业的基础上“+互联网”。

而中国的发展极具跳跃性，其互联网公司都是新近成长起来的，它们更善于颠覆、推倒重建，更具有激进性、破坏性，也更能直接构建互联网体系去“革”传统产业的“命”，这就是“互联网+”。

所以美国的“+互联网”只是一场变革，而中国的“互联网+”却是一场革命！革命和变革的根本区别是：革命不仅需要创新性，而且更具破坏性。

中国在几千年传统文化的熏陶和影响下，复杂的社会关系、沉沦的民众思想已经根深蒂固，面对新时代的到来，传统的变革早已无法撼动僵化的体制，必须迎头一棒，敲开那沉重的枷锁。

变化的奇点越来越近，几乎每个人都在通过社交平台参与经济问题的讨论，不时泛起一阵又一阵的躁动。然而绝大部分都是以锋利代替了思考，而真正的表达方式并不是径直宣泄情绪，我们需要深度思考和足够的理性。

虽然在经济发展模式方面，现有的很多经济理论都以西方理论为基础。然而在过去近 300 年的时间里，西方周期性地爆发经济危机，西方经济学者也拿不出什么针对性的政策。

欧洲已经衰落了，日本还在泥潭中，美国与中国的情况又不一样，它们不是样板。如今立足于时代之巅的中国，正在走向一条前无古人的道路。那些传统的、经典的西方经济学理论在中国都显得“水土不服”。

因此，当我们融入世界的步伐越来越快时，也越来越意识到中国自己的特殊性。这种特殊性不只是珍惜我们的传统文明，而是对东西方文化交融的自信，我们深信自己可以改良这个世界。

世界是个“大循环”，火车头是美国，美国企图把中国融入自己主导的大循环，而中国却试图冲破传统大循环的规律，用自己的内循环去带动世界这个大循环。中国有信心、有能力、有责任带领世界步入更加光明的大道。只要中国的改革速度超过互联网的创新速度，中国就可以开启世界变化新的周期。

互联网革命正在改写这个世界的规则，我们唯一的敌人就是我们自己。未来世界的发展方向将是多元化和协作化的，“和而不同”是中国对这个世界最好的设计，我们坚信，中国可以将世界带入更加美好的未来！

目　录

CONTENTS

在当前的经济转型时期，企业最重要的任务不再是发现市场和机会，而是必须思考自己的核心竞争力是什么，如何围绕核心竞争力来构建商业模式，在市场上取得独特地位。

互联网时代的企业，遵守的应该是“长板原理”，即当你把桶倾斜时，你会发现一只桶能装的水量决定了你的长板（核心竞争力）。如今提倡大众创业，公司成立的门槛越来越低。你只需要有一块足够长的长板，再配合一个管理者，就可以有立足之地。

今后的世界，不同地区的文化、政策和市场差别只会越来越大。这恰恰给了那些本土化、小众化的产品机会，以前的企业越做越宽，今后的企业一定是越做越深，精耕细作才是未来企业的出路。

未来的社会，一定是高度分工和协作的有机体。只有这样因势利导，才能将社会最有效的资源流通到最合适的地方去，这就是中国未来的商业文明，让最合适的人去做最合适的事。

在大机会时代，千万不要机会主义，我们要有战略耐性。

——任正非

CHAPTER 1

第一章

黑金时代

中国传统的发展模式：

权力（官员）+权力寻租者（企业家）+政策（政府）

这种模式不公平、不平等，不可持续，让整个社会陷入深渊，越陷越深，不可自拔。

中国未来的发展模式：

创新（企业）+自由竞争（公平市场）+激励（政府）

第一节　政商分家

中国上一阶段的改革开放是在计划经济的基础上改进而来的。计划经济采取的是 20 世纪 50 年代全面移植而来的苏联模式，即政府的各种权力之手习惯于无所不在地挥舞，对各种经营主题进行 “主导”和“干预”。

虽然我们后来实行了改革开放，但就像有人曾经所说的：“我们是在摸着石头过河”。政府并没有放任让社会自由运转经营，而是一边试探一边发展。因此，直到现在，中国经济的大势始终没有脱离权力的干扰。政府干预主要体现在价格定制、资源配置、政策制定等方面，而市场经济最核心的优势在于自发式调整，它更需要自由地进行调节。所以，中国经济始终没有真正地踏上市场经济的运行轨道。

所以，在中国从计划经济向市场经济转型的过程中，一方面激发了民间的很大创造力，但是因为权力的如影随形，导致“政商不分家”。中国的企业要想发展，必须搞好同政府的关系，拿政策、拿资源、批文件、盖合同，等等，都少不了政府的配合。这就不可避免地产生了“权力搅拌买卖”的牟利空间，因而滋生出种种腐败。

这也导致中国的“企业家”和“政客”们纠结在一起。当然从历史上来看，中国的政商似乎从来没有真正地分开过。吕不韦、沈万三、胡雪岩等大商人，一直游走在朝政边缘。这是因为在封建专制和集权的大一统背景下，中国的商人从来没有真正独立过，他们只能依靠和攀附政治权力，换取生存空间和经商自由。乾隆年间的大盐商江春说过一句话，“奴才纵有金山银山，只需皇上一声口谕，便可名正言顺地拿过来，无须屈身说是赏借。”

所以，在中国以往的千百年来，“权力”是“富贵”的命门，一旦掌握了技巧能在权力之间游刃有余，致富速度就极快，很多富豪表面上看做的是大生意，其实都是“权力生意”。也就是由权力配置资源，特许给某些利益群体，比如，我们熟知的土地出让权、采矿权、新业务申办权、项目采购权、财政补贴权、上市许可权、项目补贴权、税收减免权、国企改制资产重组权，等等。无穷的审批造就无数的利益，本应简单透明廉价的公共服务变成了“设租”和“钓鱼”。吕不韦曾说，“劳作立身，其利十倍；珠玉无价，其利百倍；谋国之利，万世不竭。”在他看来，政治生意才是大生意，是最好的生意。

对于国外的企业来说，其最核心的竞争力是“创新”。而中国曾经的这些年，一些企业家其实是不需要创新的，因为他们掌握了很多社会资源，还运用了很多政府权力，利用这些资源加上政府的权力照样可以一本万利。他们要做的就是维系自己的地位，对他们而言，政治敏感性比“创新”要重要得多！

对于市场经济来说，由于权力的渗透导致竞争的不充分，而不充分的竞争就必然导致产品不是企业的最终目的，因为企业利润并不是依靠产品说话的，当一堆堆批文、指标、关系、特殊优惠摆在企业面前时，企业又怎么可能专注产品的研发和创新？对比国外的企业需要靠产品占领市场，而中国企业根本不需要钻这个“牛角尖”，这就是为什么中国的企业很少做出一流的产品的重要原因。

如果这样去观察和思考，你就会发现，这样的氛围怎么可能产生企业家？

那么，为什么中国的很多企业家做大了之后又去坐牢了？因为这种“政商不分”的关系一损俱损，一荣俱荣。政治是没有道理可言的，也是没有对错的，其风险更是不可预料的，企业家和政治捆绑了，完全就身不由己了。现在如此，历史亦如此，看看吕不韦、胡雪岩的下场就知道了。

当然，这一切都已经成为过去了。在如今政府的大力倡导之下，改革开放正步入深水期，在习大大的带领下，中国政府要下决心开辟出一条可循环发展的经济道路，利国利民。

这也就意味着，中国正在建立起一种“政商二元制”，“上帝的归上帝，凯撒的归凯撒”。政客和企业家公开、公平地互动，双方各司其职、各归其位。这样无论对于官员来说，还是对于企业家来说，都可以明明白白地开展工作，轻装上阵、大步向前，两者相敬如宾、互相协作。

政商关系从混沌到二元制，就是中国最大的进步。今后政府只负责制定公平的游戏规则，当好裁判，是谓“政府善治”；企业按现代企业制度要求，不断创新，提高管理水平与核心能力，是谓“企业良治”；包括消费者在内的社会成员和中介服务组织，自主负责，有效协调，是谓“社会自治”。三治兴，则国家兴。

而在过去，“企业家”往往会异化为官员的“经纪人”，官员的权力被变相经营，这叫政经不分、政商不分。其实现在政府不断加强的反腐力度和把“权力关在制度的笼子里”就是在努力克制这种局面，今后政府的定位应该是服务平台，随着体制的完善，政府官员受到的约束会越来越多，政府也不再是社会宏观秩序的维系者。

因此，我们说中国最大的潜力在哪里？就在政商二元制迈向正轨之后，中国人的聪明才智才被激发到了创新和创造领域。过去中国的企业家必须把工作重心放在维系传统关系上，而今后中国的企业家必须考虑如何用产品占领市场，这才是企业家所应该担当的历史使命。我们需要逐步建立一套健康、可循环的经济制度，鼓励用劳动和创新获得财富，让创造性的知识自由流动，尊重和保护创造者的权利，推动企业家在创造方面的聪明才智，吸引更多的人去创造社会所需要的商品和服务。这就是中国崛起和迈向强大的最有力支撑。

中国经济正由“权力驱动”切换成“创新驱动”。换言之，中国本身也已经遇到了创新决定一切的互联网变革浪潮，在移动互联网时代，真正能给企业带来财富的不是政府官员，而是互联网上的消费者，他们拿着鼠标在网上四处游荡，他们不会看你是谁，他们只在乎你能为他们提供什么。

互联网在倒逼中国经济体制方面的改革，我们也看到了，从 2015 年开始传统企业纷纷倒闭，传统企业家也感觉有心无力了，为什么？因为他们的惯性逻辑和传统思维就是为上一个时代而生的，他们依然还会迷恋和执着于一些东西，在他们的骨子里流淌着传统的血液，很难自拔。无论你是谁，无论你从前多么强大，如果不能真正地认清这个时代，就真的没有存在的价值了。

以前我们可以自励地说:“知识改变命运”。我们也曾津津乐道:“学好数理化不如有个好爸爸”。而现在呢？知识改变命运完全有了可能。只要你有知识、善于创新，能够深刻理解社会变革，携带正能量，那么这个社会就是为你准备的。

中国经济的未来靠什么？靠创新，靠知识，靠满足新需求！无论你是企业家、创业者还是官员，或者是服务者、自由劳动者，你都要仔细地考虑自己的角色和定位。

中国传统的发展模式:

权力（官员）+权力寻租者（企业家）+政策（政府）

这种模式是不公平、不平等，不可持续的模式，却让整个社会陷入深渊，越陷越深，不可自拔。

中国未来的发展模式:

创新（企业）+自由竞争（公平市场）+激励（政府）

这种模式是开放、平等、能同国际接轨的模式。此时政府营造公平环境，做好公共服务，企业则在市场上努力创新，创造出更有价值的产品。

当官员抽身让位，市场就会各就各位。政府将在以下两个方面发挥保驾护航、拾遗补缺、维护公正的职能。

在“先于市场”方面，保护产权，力行法治，崇尚规则与契约精神，简政放权。政府最大的作用就是“让市场发挥决定性作用”。

至于在重大民生问题方面（如物价、住房、医疗、教育、就业等），政府的调控不是为了增加政府的收入，而是维系民生。

政企分离是历史发展的必然，也是中国崛起的必然，只有这样才能重塑政府形象和企业气质。上一个时代的经济获得的成功我们已经有目共睹，但是留下的问题也历历在目，所以，中国新一代领导人的态度很明确，就是要坚定不移地反腐败，使市场走向开放，从而将中国经济引入创业者经济、企业家经济、法治化经济，真正实现长治久安。

一旦社会秩序健康化，我们每个人都有了用武之地，可以发挥自己应有的作用和特长，将个人的理想和社会的需求统一起来，中国经济将迎来真正的繁荣。

下面我们以煤老板的发家简史为例来说明一下这个过程。

第二节 煤老板的末日

曾经有一名山西的企业家说过这句话：“比尔·盖茨肯定不是世界首富，至少有一两个中国煤老板拥有的煤炭如果全部换成钱，身价会超过比尔·盖茨。”这就是阔气无限的“煤老板”，一个在中国可以与“土豪”画等号的彪悍词汇。

煤炭，曾经有多昂贵？

从 2003 年到 2008 年，煤炭几乎一天一个价。在最疯狂的 2008 年前三季度，甚至到了每小时不同价的地步。当时动力煤的价格，被迅速炒高到每吨 1100 元。

煤炭，现在有多便宜？

2016 年春节期间大降温的时候，在深圳、广州和海南，1 斤大白菜的身价竟然可以等同 100 斤优质动力煤！也就是说，时至今日，那些富过比尔·盖茨的煤老板们，他们深埋地下的财富恐怕将永远深埋地下了，因为如果挖出来不仅不能赚钱，还要倒贴人工费。这是多么不可思议的反差，真是斗转星移、沧海桑田，这一惊人的事实也见证了中国经济结构的深度动荡，映射了中国社会的巨变。“煤老板”这个词将在 2016 年走向谢幕。

1. 诞生

中国改革开放后，经济的快速发展导致煤炭的需求量剧增。山西作为煤炭大省，1980 年国家做出了建设山西省能源基地的决策，重金支持煤炭产业。3 年之后，国家再次放宽对煤炭行业的管理政策，鼓励发展乡镇小煤矿。

1993 年，国家放开除电煤以外的其他煤种的销售价格，小煤窑开始遍地开花，“煤老板”从此登上历史舞台。1996—1997 年，煤炭产业投资增长率分别是 13.8%和 17.6%，此时小煤窑开始爆发式增长。到 1997 年，中国仅有证煤矿数量就达到 10 971 座，更有无数私自开采的小煤窑隐藏在监管体系之外。当时私人开采煤矿并不被允许，很多人只能挂靠，或以村集体的名义建矿。然而就在发展最辉煌的 1997 年，亚洲金融风暴爆发了。在此背景下，山西省曾在 1998 年整顿过一次煤炭产业，取缔私开煤矿 1453 座；1999 年再度关闭 1565 座布局不合理的煤矿，缩减生产能力 4399 万吨。但这次整顿并不彻底，无证开采的煤矿依然大量存在。这一切只是因为煤炭行业太赚钱了！当时电厂和洗煤厂买煤都是背着现金到矿厂排队交钱，动作慢一点还有可能排不上。

1999 年全国平均工资不过在 2000 ~ 3000 元之间，而煤矿工人的工资已经可以达到 4000 ~ 5000 元。这吸引了全国各地的务工人员蜂拥而至。最关键的是，那些最早蜂拥而至的底层矿工中，不乏少数历经九死一生的起伏，最终告别了阴冷潮湿的矿井，摇身一变成为了富甲一方的煤炭大亨。煤炭行业的原始积累由此开始了。

从 2002 年开始，煤炭业正式开启了高速增长状态，来自第三方研究机构的一份数据显示，2002—2005 年，煤炭产业的投资年均增长达到 50.6%。

2. 矿难

伴随着利润爆发的却是全国矿难事故迭起。2002 年，山西发生煤矿事故 184 起，501 人死亡；次年，发生煤矿事故 159 起，死亡 496 人。另一组数据显示，2004 年中国产煤 16.6 亿吨，占全球的 33.2%，但是全国矿难死亡人数高达 6027 人，占全世界矿难死亡总人数的 80%！这一切还是因为煤炭行业太赚钱了，所以大家一哄而上，什么安全措施、规范作业等全被抛到了脑后。

2004年2月5日，临汾市汾西县和晋中市灵石县交界的两个村，私开矿井相互打通后，为争夺煤炭资源相互扔炸药，造成29人死亡。

2004年4月30日发生在隰县梁家河煤矿的特大瓦斯爆炸事故，36人在事故中丧生。政府此时才开始插手引导，2005年6月，《国务院关于促进煤炭工业健康发展的若干意见》颁布，于是一场整顿煤矿产业的风潮从山西席卷全国。其中有这样的规定："实行资源有偿使用，引进外地资本投资山西煤炭，促进煤炭企业产权、股权的多元化"。

这一下不得了了，嗅到商机的浙江人开始趋之若鹜。2005年，手持大量现金的浙江商人率先涌入山西投资煤矿。公开统计数据显示，2005—2009年，在山西投资煤矿的浙商企业多达450多家，投资总额超过500亿元。

由于政府开始插手，要求所有煤矿必须手续齐全，手续不全的将被淘汰。据一位煤矿主回忆：在我的印象里，2006年之前就没有开矿手续办全过。于是很多中小煤老板四处借钱，对煤矿进行合规化改造，而国家要求产权清晰，他们就又到处奔走，向亲戚、朋友们借钱，办各种手续，在山西，办这些手续，从上到下，都要打点。

这其中必然滋生腐败，因为煤矿主要想发展，就必须搞好同政府的关系，拿政策、拿资源、批文件、盖合同，等等，都少不了政府的配合。这就不可避免地产生了"权力搅买卖"、"权贵资本化"的牟利空间。然而，也正是这时，真正意义上的私人煤矿主才出现了。

此时煤炭价格持续飙涨。据行业数据统计，2001 年至 2008 年 7 月，8 年间煤炭价格涨幅达 585%。其中，煤价最高是在 2008 年，高达 1100 元/吨。当时只要沾了这条黑金产业链，每个人都可以赚得盆满钵满。也就是此时，煤老板的财富传奇和神话开始被广为流传，“煤老板”一夜之间成为了财富的代名词。

3. 民间借贷

政府看到这种情况，立刻感到整合的机会到了。于是山西省政府出台《煤炭资源整合和有偿使用办法》，要求年产 9 万吨以下的煤矿出局，并整合 20～30 万吨的中型矿。经过这一轮整合，山西省市以下煤矿数量由 2005 年整合前的 4389 座缩减至 2626 座，淘汰了所有年产能在 9 万吨以下的煤矿。由此，投资煤炭的门槛不断被提高，这导致很多投资商不得不从老家的亲戚朋友处集资，并承诺高额回报，甚至不少人为买矿借高利贷。

也正是这个机遇刺激了中国民间借贷的发展。事实上，民间借贷之所以成立，就是因为当时社会上有暴利行业，借贷者利用募集到的货币去做煤矿这种项目的投资，短时间可以获得巨大利润，返回给投资者一部分之后，照样可以有很大盈余，当时的暴利行业有两个，一个是煤炭，另一个就是房地产。而后来这两个行业都坍塌了，所以才导致民间借贷的坍塌，跑路的传闻不绝于耳，当然这都是后话了。而正当煤老板们沉浸在史无前例的疯狂中时，发生在山西的另一场特大事故间接拉开了山西煤炭行业的又一次整合。

2008 年 9 月 8 日，山西襄汾县发生溃坝事故，共造成 277 人死亡、

4 人失踪、33 人受伤，直接经济损失达 9 619.2 万元。这次事件直接导致省长孟学农引咎辞职，间接导致了山西煤矿的再度整合。2008 年 9 月，时任国家安监总局局长的王君空降山西，王君一声令下，“政府推进，国企主导，限期关闭，强行整合”，被业内称之为“国进民退”的山西煤改轰然启动。

4. 宁要三三得九，不要二四得八

在当时的山西煤炭圈内，流传着一个“宁要三三得九，不要二四得八”的理论。具体解释是：煤矿生产 300 万吨，一吨能卖 300 元，那总共就能卖 9 亿元；而当你生产 400 万吨，煤炭价格因供求关系下跌，变成 200 元一吨，那总共也只能卖 8 亿元。这种理论的逻辑是这样的：生产多了反而卖得少了。因而要控制规模，在规模不增长的前提下，依靠稳定的价格获得较高的收益。

在此理论的支撑下，2008 年 9 月 2 日，山西省政府下发《关于加快推进煤矿企业兼并重组的实施意见》，要求到 2010 年年底，山西煤矿企业规模不低于 300 万吨/年，矿井数量控制在 1500 座以内。

2009 年 4 月 15 日，山西省政府再次下发《关于进一步加快推进煤矿企业兼并重组整合有关问题的通知》，将矿井数量控制目标由 1500 座下调到 1000 座。2010 年 1 月 5 日，山西省政府宣布，山西省重组整合煤矿正式协议签订率已高达 98%，兼并重组主体到位率已达 94%，具有决定性意义的采矿权许可证变更也已超过 80%。

这一轮山西煤改最直接的影响是，大量民间资本被迫撤离煤炭行

业，不少煤老板在这轮整合中黯然离场。当然，这也是几家欢喜几家愁，资源整合亦有受益者。那些已经成规模的私营煤炭企业也有机会参与了资源的重新分配。这其中就包括山西联盛集团董事局主席邢利斌。没错，就是那个因“7000 万巨资嫁女”风波而为人所熟知的邢利斌。

于是这些人准备大干一场。2008—2012 年，像邢利斌这样赫赫有名的煤老板们均在加速扩张自己的煤炭帝国，他们四处并购，而资金均来源于各类融资。然而这个看似最佳的机会，也成了煤炭行业盛极而衰的转折点。

5. 盛极而衰

让所有煤老板都没有想到的是，煤炭价格从 2012 年年底开始大跌。到 12 月末，秦皇岛 5500 大卡市场煤平仓价每吨 630 元左右，比年初下降了约 170 元；而冶金煤价格较年初普遍下降每吨 300 ~ 400 元。煤炭生产过剩是煤价下跌的直接原因。中国煤炭工业协会当年的通报称，2012 年年末，煤炭企业存煤 8500 万吨，同比增加 3120 万吨，增长了 58%。

煤价持续大跌率先重创的是包袱重、盘子大的煤老板。邢利斌便是其中的典型代表。据相关报道，截至 2013 年 9 月底，邢利斌的联盛集团对外融资总额达 268 亿元。两个月后，联盛集团便因资金链断裂，提出重整申请。

财富这个东西，来得越快，去得也越快！

这种突如其来的变化对于煤老板们来说，真是“十年生死两茫茫”。

以前的变化都是一波三折、有起有落，遇到的苦难无非是整合、重组、监管，而这次却好像直挺挺地往下跌，不可见底。希望渺茫难以窥见！

2014 年和 2015 年是煤老板们最难熬的两年。2014 年挖出的煤还能卖到每吨 290 元左右（开采一吨煤的成本约为 200 元），但到了 2015 年却只能卖到每吨 100 元左右，那么这些埋在地下的煤炭是挖还是不挖呢？对于仍在“煤海”里挣扎的煤老板们来说，他们更希望 2016 年国家能够出台限采的政策，这样煤价便能上涨，可以渡过难关。

事实上，山西省政府曾在 2013 年 8 月紧急出台过煤炭“救市 20 条”，内容包括暂停征收部分税费，着力解决煤炭企业金融信贷问题等多项措施。

但中国煤炭产业的困境并非一纸限产令就能解决，这是一个深层次的供求关系矛盾。根据中煤协公布的数据，截至 2015 年年底，全国煤矿产能总规模为 57 亿吨，其中，正常生产及改造的产能为 39 亿吨，新建及扩产的产能为 14.96 亿吨。而 2015 年全国的煤炭消费总量预计为 39.5 亿吨。这意味着全国煤炭产能过剩多达 17 亿吨。

> 所以，一个陷入绝境的问题是：中国已经步入产能过剩时代，煤炭开采的无序化导致供求关系严重失衡。这其实也是中国传统企业的缩影。传统企业遇到危机的逻辑基本都是这样的：无序生产、盲目扩大、同质竞争……

这种以不可再生资源为单一发展路径的做法是非常值得中国警醒的。在山西、陕西、内蒙古等地，因煤而兴、亦因煤而衰的城市不在少数。

比如，在昔阳县，高峰时期有 8 万福建人，占了当地人口的近三分之一。而现在外地人都走了。由于当地政府的财政收入几乎全部来自于煤炭，现在连公务员工资都几乎发不出来了。

再比如，陕西神木县过去因煤矿常年入榜全国百强县，而现在的情况简直就像挨家挨户被洗劫了一次，让人恍如隔世。比如在太原，过去各大高档 KTV 等娱乐场所几乎天天爆满，进进出出的都是煤老板，现在这些高端会所纷纷倒闭。受煤炭行业的影响，2015 年山西省 GDP 增速仅为 3.1%，排名倒数第二。中国煤矿企业开始合力游说中央政府设置煤炭价格底限，以使煤企免遭破产厄运并防止影响社会稳定的事件发生。

2016 年年初，国务院发布《关于煤炭行业化解过剩产能的意见》，文件规定：从 2016 年开始，用 3 ~ 5 年的时间，再退出产能 5 亿吨左右，减量重组 5 亿吨左右……3 年内原则上停止审批新建煤矿项目、新增产能的技术改造项目和产能核增项目；确需新建煤矿的，一律实行减量置换。

安全监管总局等部门已确定的 13 类落后小煤矿应尽快依法关闭退出。产能小于 30 万吨/年且发生重大及以上安全生产责任事故的煤矿，产能 15 万吨/年及以下且发生较大及以上安全生产责任事故的煤矿，以及采用国家明令禁止使用的采煤方法、工艺且无法实施技术改造的煤矿，要在 1 ~ 3 年内淘汰。也就是说国家的意见是坚决的：要坚定不移地淘汰落后产能，从根本上完成供给侧改革。眼下政府必须阻止生产的无序化。

这意味着什么？据媒体报道，截至目前我国年产 30 万吨以下的小煤矿还有 7000 多座，年产 9 万吨以下的有 5000 多座，这其中绝大多数为民营煤矿，它们将毫无悬念地出局。另外，煤矿经济的背后，带来的权力寻租也是触目惊心的。很多煤老板表面上看做的是煤炭生意，其实都是“权力生意”。他们就是千方百计地获取这些权力资源，如土地出让权、采矿权、新业务申办权、项目采购权、财政补贴权、税收减免权、国企改制资产重组权，等等。无穷的审批造就无数的利益。

在中国经济正由“权力驱动”切换成“创新驱动”的大环境之下，未来最核心的竞争力是“创新”，而不是独占某种“资源”，那些因为掌握了某种资源，就可以一本万利、坐享其成的年代一去不返了！不错，煤炭曾经是人类第一次工业革命的重大资源，然而 2015 年 12 月 18 日，英国煤炭控股有限公司的“凯灵利”煤矿正式关闭。至此，300 年引领英国开始人类工业革命的煤炭被英国人抛弃。就在中国煤炭出现重大拐点，英国彻底告别煤炭的时候，人类和石油的关系也出现了重大转折，油价正在每桶 20 多美元上下痛苦挣扎，已经有人在讨论人类停止开采、使用石油的时间表。

依靠资源去发展是大工业时代的思路，显然已经不再适用这个以“创新”为灵魂的工业 4.0 时代。根据 2016 年 4 月份的数据，山西七大国有煤矿已经负债上万亿元，另外，全国 262 个资源型城市，已经有 67 个陷入资源枯竭的尴尬地步。从 2016 年起，“卖资源”的发展方式已开始退出中国历史舞台。而这也是传统资源行业的缩影，它们一路走来，筚路蓝缕，实现了曾经的辉煌。为了使中国延续这种辉煌，如今我们必须合力开启新的信息时代，推陈出新。

第三节　廉价时代

大家可否记得，10 年前，中央电视台曾举办过一次“品牌中国”的大型宣传活动，评选出了“消费者最喜爱的本土品牌榜单”，当时上榜的 40 个著名本土品牌，包括这样一串曾经响当当的名字：大宝、小护士、科龙、夏新、皇明、波导、步步高、万利达、春兰、同方、爱国者、奥克斯、奥康、波司登、恒源祥、雅戈尔、七匹狼、李宁、三枪、杉杉……

10 年过去了，它们在哪儿？

我们惊奇地发现上面这些品牌要么被外资收购，要么早已转型房地产，要么还在苟延残喘。除了华为异军突起之外，大量曾经立志打造国际著名品牌的中国企业，曾经的宏图大志已经消散得无影无踪。中国本土品牌在消费品领域可以用溃败来形容。而同时，这 10 年中国经济增长创造了奇迹，从第五位一跃成为世界第二，中国 GDP 总量现在已经是日、德、法三国的总和。

10 年前，我们曾理所当然地认为，按照日本、韩国的先例，随着中国经济的增长，这些企业中将成长出来一批世界级的品牌，如同松下和丰田，成为国家的左脸和右脸。如果做不到，至少在家电、汽车、服装、化妆品、食品饮料等主流消费品领域，本土品牌会逐渐替代进口品牌，占据更高的市场份额，在产品品质和价格上趋近于国际品牌。

诺基亚倒下的时候，其 CEO 奥利拉说过一句广为流传的话：“我们并没有做错什么，但不知为什么，我们输了。”我相信，每一位倒在打造本土名牌路上的中国企业家的内心都忙着为这句话点赞。

10 年前，几乎所有的中国企业将打造著名品牌当作企业转型升级的必由之路：创建品牌—获取品牌溢价—提升产品品质—价值链向微笑曲线的两端延伸—更好的品牌效应—更高的品牌溢价……

其普遍的做法是：在主流媒体上大规模投放广告；邀请国内或国际最具知名度的明星担任代言人；在国内外高价的商业体或街道设置专卖店；聘请具有国际顶级大牌从业经验的设计师、工程师和经理人；采购或研发品质更好的制造设备和零配件；不断研发新产品；提高产品质量标准。这几乎也是近几十年来世界各国消费品品牌打造的标准流程。然而这一招渐渐不灵了。

为什么不灵了？因为中国这 10 年的发展是野蛮的发展，野蛮到什么程度呢？价格的高低成为唯一的竞争要素。当假货和真货竞争的时候，假货胜；当尊重知识产权和侵害知识产权的产品竞争的时候，侵害知识产权的胜；当低质低价和高质高价竞争时，低质低价胜。

也可以毫不客气地说：这也恰恰是中国经济出奇制胜的关键！

另一方面，我们身处一个日新月异的时代，也正是这 10 年，一个变化在悄悄发生：在以淘宝为代表的互联网零售商迅速崛起的时期，电子商务的崛起使这一切经典理论和经验全部失效了。

各种“电商平台”如群魔乱舞，在销售环节基本不交税，员工也大多采用灵活的就业方式，在劳动保障方面支出较少，这让它们在价格竞争中更胜一筹。而对于必须依靠消费者通过实体店体验打造品牌的企业来说，沉重的税负、房租、员工成本和各类如消防、用电、防疫、社保等方面寻租导致的各项非税收成本却无法避免。

这种“低价是王道”的价值观，摧毁了依靠传统路径打造品牌的信心，生产低质低价的产品变成最理性的选择，众多中国企业打造品牌实现转型的梦想便这样被无情地击碎了。

当企业依照传统分销方式向市场投放一款新产品的时候，第二天在网上就会出现同款产品，价格远远低于店铺零售价，看上去厂家似乎也没损失什么，还是按原价出货。但在厂家原来的价格体系中，分配给批发商、零售商、广告商、售货员等的那部分资金没有了，而这些机构和个体本来就是一个品牌价值体验的构成部分，没有了这一部分就只能产生大路货，而不可能产生名牌。

一双名牌鞋子的价值链，除了产品本身，还包括广告创意文案和导演团队与名演员或名模合作拍摄的广告大片，广告片在电视的播放和报刊的刊载，极具设计感的包装，选址和装潢一流的门店，训练有素的售货员细致入微的服务等，而当这一切变成一张业余模特的照片和一位快递小哥送货上门时，还能剩下什么呢？

当本土品牌进阶的梯子被抽掉之后，那些本已站在高处的国际品牌就彻底失去了竞争对手，本来已经萎缩的品牌占有率又逐渐恢复，而曾经接近崛起的本土消费品品牌最终整体溃败。

因此，中国只剩下两种产品：国际大牌和淘宝货。那些遍地的大大小小的工厂，生产的低端产品堆满了中国人的购物车。中国的 GDP

就是这样堆积起来的，依靠低端制造业的拉动，甚至假货、仿货满天飞舞。

马云在“3·15”动员会上说：“如果把天猫关了，把淘宝关了，中国从此无假货，那么我们马上就关。问题是关了没用，消灭阿里巴巴容易，消灭假货难！”困扰中国的假货问题，如同另外一层雾霾。打假就像治理雾霾，光治理一个地方是没有用的。假货、劣质货横生了那么多年，怎么是说除就除的。

水木然点评：

有什么样的国民，就有什么样的国家；有什么样的品位，就有什么样的商品；有什么样的消费者，就有什么样的企业，这是基本逻辑。

你和我是怎样的，中国就是怎样的。

中国消费品品牌的整体溃败表明，至少在中国，被各发达国家验证过的传统品牌打造模式已经终结。但是，中国这片复杂的热土也在燃起创新的星星之火，至于如何实现突围，我们会在后面的章节详细讲解。

第四节　十大怪相

在以上各种情形的堆积之下，中国经济如今出现了十大怪相。

1. 商品怪相

工厂卖不出自己的产品，消费者买不到称心的产品。

中国工厂习惯于“薄利多销”，然而随着同质化竞争，现在连“薄利”的底线都兜不住了。可是工厂效益越不好，越容易采取“低价竞争”策略，这是一种恶性循环，结果生产的产品越来越满足不了消费者的需求，于是现在产品和消费者之间两头空。

2. 人才怪相

企业招员工难，人们找工作难。

传统企业在萎缩，只有新兴产业在增长。但新兴产业只需要新知识、新技能的高端人才，而这种人才并不多见。即便现在大学毕业生在增加，但那种与时俱进的工作技能，远远不是传统大学里所能传授的。另外，需要工作养家的人越来越多，但能把工作当成职业去热爱的人越来越少。

3. 产业怪相

实体产业被掏空，虚拟产业在猛增。

搞实体的越来越少，玩金融、互联网、配资等虚拟产业的越来越多。实体基础决定上层建筑，一个社会究竟需要多少人在上层配置资源，这要看它的实体产业有多丰厚。而现在大量人才都在涌向虚拟产业，于是出现了大量泡沫，比如，P2P、融资投资、配资炒房等各种投机现象，所以中国正在空心化。

4. 金融怪相

物价一直在涨，A股一直在跌。

CPI是随着中国经济的增长而增长的，而A股也是中国经济的晴雨表。现在有意思的是：中国的CPI不断攀升，可A股指数却越来越低，两者完全不吻合。究其本质，是中国金融系统的不完善，金融是最高层次的经济调控，一旦不完善引发的怪相就太多了。

5. 创新怪相

孵化器越来越多，项目越来越少。

面对创新的浪潮，各地兴建孵化器，2015年中国孵化器增长了4000多家，这是过去26年中国孵化器的总和。现在全球共有10 000家孵化器，中国就占了一半！这导致现在孵化器入驻率低、同质化明显，孵化器应该紧紧跟随创业项目的发展，而它却远远跑到了最前面……

6. 调控怪相

传统企业越来越“旱”，房地产越来越“涝”。

传统企业面临生死转型，此时非常需要资金方面的支持，国家也一再实施货币宽松政策，但是宽松出来的资金全部都涌向了房地产，这就好比人间大旱，老天爷赶紧下了一场雨，结果这场雨全部下到了涝区，令人哭笑不得，无可奈何。

7. 税收怪相

穷人越缴越多，富人越缴越少。

中国的个人所得税是按照薪资多少分级的，但是工薪阶层恰恰是中国收入最低的一部分人。中国富人的资产很少以薪资为主，往往以股票、股权、债券、房产等为主，很多还有灰色收入，并且他们可以通过各种手段避税，但是工薪阶层就束手无策了。因此，中国要想调控贫富差距，必须想办法深入其资产领域，而不是如何设置缴税门槛。

8. 社保怪相

工资在提升，收入在减少。

月薪 1 万元，到手 7454 元，公司税前支付 14 410 元，差额的那部分货币呢？都变成“五险一金”了，它已经占了薪金总额的 40%以上。经过与全球 125 个国家的社保费率对比后，我们发现只有 11 个国家的社保费率超过 40%，而且全是发达的福利国家。由于大家手里可支配的现金太少，直接导致消费萎靡不振，依靠消费带动经济增长从何谈起？

9. 心态怪相

老板说员工不勤奋，员工说老板太苛刻。

这绝不只是心态问题。现在社会压力越来越大，越是这种情况下，我们对外界的依赖越强，总是希望能够索取得更多，而实际上求人不如求己，共赢的时代已经到来，与其要求别人，不如做好自己。当然，同样的问题还有：女人说好男人越来越少，男人说能娶的女人越来越少，也是这个道理。

10. 合作怪相

事业好做，伙伴难寻。

随着大协作时代的来临，合作将取代竞争。但是中国人的人性是很复杂的，需要克服很多人性上的弱点才能真正地展开合作。所以，对于中国的企业家、创业者来说，最难的不是该如何做事，而是如何能找到称心的合伙人或团队一起来做事。

CHAPTER 2

第二章

金融泡沫

互联网衍生的各种新兴经济模式，比如“共享经济”和“个体经济”，也正在瓦解传统资本，而资本扩张所依赖的创造力和创新性，正在促使资本裂变，资本在未来唯一的出路就是在“裂变”中增长。

第一节　杠杆失控

“给我一个支点，我就能撬起整个地球！”这是古希腊科学家阿基米德的传世名言。这句话便是杠杆原理的雏形：无论一个重量多么大的物体，只要找好最佳支点，杠杆足够长，就可以撬动它。

在后来的现实世界里，运用杠杆原理成就了一项项聪明的发明，人类完全可以撬动超出自己“力量”范围之外的东西。这也是一个非常催人奋进的原理，它激励我们大胆地去改变世界。

然而没想到的是，真正将这句话应用到极致并彻底改变世界的却是各类金融玩家们。

1. 杠杆无处不在

当世界处于高速发展时期，人们就会有强烈的操控意识，此时经济杠杆就产生了。

16 世纪的欧洲，各国不仅要对外掠夺殖民地，还得对内搞大建设。这时国家越来越需要货币，于是这些国家就通过发行国债来募集老百姓的资金，当通过掠夺和战争发财之后，再连本带息地还给老百姓。这就是国家通过经济杠杆作用来谋取发展。所以最先开始运用经济杠杆原理的是西方人。

除了国家之外，企业发展也是如此，在那个疯狂汲取的年代，必须动用经济杠杆才能更快地完成资本的原始积累。企业模仿国家发行债券的方式来募集资金，只不过采用的是股票的形式，会在约定的时间返本、分发红利，当时企业每年分红都高于国债的好几十倍。这也就是企业借助经济杠杆的作用谋取发展。

于是这种形式的市场规模越来越大，也越来越规范。后来股票开始在老百姓手里转让、流动，股票流动，募集资金的企业只给持有企业股票的投资者发放红利就可以了。所以股票就是集大家之力去发展，去抢占更多的资源，然后大家一起分红，就是这个道理。

杠杆原理究其本质，其实就是用眼前之力挣未来的钱，用微小之力来撬动更多的财富。

对于中国人来说，在中国人传统观念里，努力工作就是为了挣钱、存钱。花钱也是花自己的积蓄。到了改革开放时期，中国也有了股市。邓小平说："有人说股票是资本主义的，我们在上海、深圳先试验了一下，结果证明是成功的，即使错了也不要紧嘛！错了关闭就是。"

有了股市，企业就可以"以小博大"，实现首次公开募股（Initial Public Offerings）。企业上市了之后呢？那就可以"圈"更多的钱了。比如，京东直到现在依然未能实现盈利，赴美上市前一年公司亏损5000万元人民币，上市后首年亏损50亿元人民币，再到如今亏损94亿元人民币，而刘强东前年却独自拿了36亿元的分红，大家有没有想过这些钱是从哪里来的？

不仅股票源自杠杆原理，买房也是如此，对于绝大多数人来说，购房款都不是一笔付清的。如果你买一幢 100 万元的房子，首付是 20%，其实就相当于你用了 5 倍的杠杆率。此时如果房价增值 10%的话，你的投资回报就是 50%。那如果你的首付是 10%的话，杠杆率就变成 10 倍。哪怕此时房价只增值 10%，你的投资回报也是 100%。

期货也是具有杠杆性的，比如，黄金期货目前价格是 294 元/克，交易单位是 1000 克/手，保证金比例是 7%，那么你的账户里只要有 294×1000×7%=20 580 元的现金就可以交易了。也就是说，你花了 20 580 元钱，在交易中你所买卖的商品黄金期货却价值 294 000 元，你只花了 7%的钱去交易。而盈利和亏损也会随之放大。

2. 杠杆加杠杆

其实，我们现在的有些行为，早已超出了一根杠杆，也就是双杠杆行为。

以当下中国的房产为例，比如，深圳众筹炒房据称 1000 元起步：几十个中介人员，集中零散资金，凑成首付款，众筹购房。同时，从内地地下金融机构贷款，放大杠杆比例。例如，以 180 万元本金为基础，3 倍杠杆借入 540 万元，首付买入 4 套房产，在 3 个月之内迅速脱手，偿还少数利息之后，所得将是单套房产涨幅收益的 4 倍！最重要的是，沈阳也出台了无任何收入、无工作的大学生零首付买房政策，虽然几个小时就被叫停了，但这个苗头已经在全国涌动，这种双杠杆炒房的方式被很多炒房人借鉴。

这些人利用双杠杆原理，成功规避了房贷政策限制，无论是首付款比例 20%还是 30%都可以通过房屋中介、开发商，以及通过众筹、P2P 平台来解决。购房者一次性购房的资金门槛几乎为零。

只要购房者在 P2P 平台在线提出配资申请，平台就可以融资。这些资金来源一部分是通过平台网站发布一定金额的借款标，从网络筹集资金；另一部分则是通过线下渠道获取民间资金，再出借给投资者。

比如以“首付贷”为例，在无抵押贷款的情况下，“首付贷”最低可贷到 10 000 元，最高可以贷到房屋总价的 20%。其流程是，平台把“首付贷”包装成年化收益率为 8%～12%的 P2P 产品，然后对外发售。还有拼房网类的房产众筹平台，投资者最低只需投资 1000 元，即可参与购房，按比例分享收益。

这一幕是不是很熟悉？早在 2015 年中国股市在 5100 点附近时，由于半年之内涨幅巨大，众多地下配资公司、证券公司，都推出了高杠杆的融资资金，提供给被贪婪之心统治的股民，以满足他们暴富的诉求。现在只不过是原来股市的场外配资，比如众筹、P2P 等摇身一变潜入到了房市里。

因此，2014 年中国股市重启以来的牛市被称为杠杆牛，就是因为场外的杠杆对此次牛市的发展起着很大的作用。除证券公司的融资业务外，场外配资还直接导致了 P2P 行业的崛起。因此 2015 年 P2P 的发展步入极度繁荣的阶段，各类 P2P 平台如雨后春笋般产生，并迅速变异。

除此之外，还有很多双杠杆行为，比如，期权期货本身就已经是财务杠杆了，而往往又通过一种 Margin（保证金）账户具体操作，保证金账户是指在购买股票时，只需花股票总值的 25%～30%就可以了。

在“买长”时 25%，在“卖短”时 30%。比如，你把 10 000 元放入保证金账户，就可以买到总值 40 000 元的股票，也就是说有 4 倍的杠杆作用。

当然，那 75%的钱是向证券商借来的，利率一般比银行高一些，比信用卡低；而且你的账户还必须维持你所拥有股票市值的 25%（买长）~ 30%（卖短）。一旦低于这个数，你的客户经理就会不客气地通知你要“Margin Call（补充保证金通知）”了，也就是要你赶紧“输血”进去。

3. 杠杆折断

凡事有利就有弊，杠杆就像甘蔗，永远不会两头甜。支点到你的距离越长，你耗费的力就越少，可你要付出的距离就越大。当你用的杠杆越来越长，直到你掌控不了这个距离时，杠杆就会失控。

股票、房子疯涨的时候，许多人恨不得经济杠杆能用到 100 倍以上，这样才能回报快，一本万利。这是因为在经济上行阶段，杠杆具有加速效应；而当经济上行趋势一旦发生改变，杠杆的反噬效应比当初的加速效应还要凶猛。

有个名词叫作“明斯基时刻”，这是美国经济学家海曼·明斯基描述资产价值崩溃时刻的名词。简而言之可以理解为：好日子的时候，投资者敢于冒险；好日子的时间越长，投资者冒险越多，直到过度冒险。一步一步地，投资者会到达一个临界点上，此时其资产所产生的现金不再足以偿付他们所举的债务，此时放贷者纷纷收回其贷款，就像釜底抽薪，从而导致资产价值的崩溃。比如，雷曼公司的杠杆率最高时可达 33 倍，在高杠杆率带来的财富盛宴的欢欣之中，别忘了金融杠杆其实是一把“双刃剑”，因此市场泡沫说完就完了。

美国在 2008 年时，对于没有任何收入的乞丐，中介都敢于为其融资买房，最后爆发次贷危机，引爆金融危机。这种状况在 20 世纪 80 年代的日本也曾遇到过，买房资金门槛极低，投机投资炒房热火朝天，最终是泡沫破灭，整个经济至今没有恢复元气。

在高杠杆率的情况之下，一旦房价下行，这类投资者因出资额很低，很容易弃房断供，其首付款也就会打水漂，这相当于融资炒股被平仓，其风险堪比股市 5100 点时融资买股。

然而置身于亢奋情绪和巨大泡沫之中，包括我和你在内，谁都无法保证自己不会被裹挟进去，充当了接盘的最后一棒。比如，17 世纪的荷兰郁金香泡沫、2008 年美国的次贷危机、20 世纪 80 年代日本的房产泡沫，等等。

4. 杠杆带来的实体崩溃

企业借贷谋取发展本应当是正常的杠杆行为，但是当大量企业资不抵债时，显然这种杠杆距离就太大了。如今，整个中国仿佛一个被一堆杠杆撬起的大球，为了维护高位，我们只有不断地延长杠杆。

那么，一旦杠杆折断，究竟会出现什么情况呢？

当投资者意识到风险已经无法把控，并开始解除投资杠杆时，资金流动性迅速变差，大家忽然发现自己都开始缺钱，于是用资产去换钱，但是此时资产价格便会被打回原形，股票、债券、房地产这三大类资产价格会整体下跌，连黄金、钻石、谷物这样的东西也被囊括在内。

这就好像古代的一些人为了急用钱，有可能把家里传世的玉白菜也拿出来便宜典当了，而此时我们 50 000 元的劳力士表可能连 10 000 元都典当不到，当初我们用了多少倍的杠杆率，现在这些资产就会缩水多少。试想这对房地产、企业会造成什么样的影响？

因此，每当一段时间过后，就必须清理那些过度延长的杠杆，使其控制在社会能掌控的范围之内，这就是中国为什么表示要择准时机去杠杆化的根本原因。

> 我们再来看一则故事。美国林务局曾经是一个非常高效的政府机构，然而 1910 年的爱达荷超级野火火灾改变了一切。那场火灾烧毁了 300 万英亩左右的林地，造成了至少 85 人丧生。自此美国林务局就开始把主要精力从伐木管理上转移到了扑灭野火上来。可怕的是，没有人意识到野火在林区的生态平衡中扮演着重要的角色，这些野火对于维护美国西部的林区生态健康至关重要。比如，有些耐阴的林木如果没有野火定期地来清理一下就会过分增长。
>
> 于是美国林务局数十年如一日地压制野火，这使得许多林区树木密度过大，一片片面积巨大的森林因此变成了超级火柴盒，每次起火破坏力都相当惊人。如今美国每年用来扑灭野火的费用高达 200 ~ 1250 亿美元之巨，美国成了超级野

火频仍的国家。

所以，经济衰退就像野火，它定期出现，就相当于把那些过长的杠杆性融资毁灭掉，如果拼命压制野火带来的小灾，就像拼命托住经济，不让其有半点衰退，最后就会酿成超级野火，也就是大的经济危机。超级野火就是超级去杠杆化的完美比喻。

有人说一旦去杠杆化了就会硬着陆，中国承受不起这个打击。但是如果不去杠杆化，就相当于把我们一起绑在火堆上烤，各行各业、企业单位、个人家庭，都将陷入一片火海。中国有能力发展到今天，就是对自身抗压性最好的说明，相信中国政府一定可以渡过这一重要关口！

第二节　“金融”盛世

1. 金融乱象

中国的发展正遇到了一个新旧交替期，也因此产生了很多乱象，尤其是在金融领域。在 E 租宝、泛亚事件、卓达、中晋等民间融资崩盘事件相继被爆出之后，2016 年 4 月 22 日，政府终于规定各地不再接受互联网金融公司的注册，并且各种媒体都在撤销相应的广告，需要审核后才可以投放。

这个时代最有意思的就是乱世和机会并存。互联网加速了中国财富的流通，原本固化的财富金字塔，这次被打乱重组了。富豪与银行纠缠、老板被借贷附体、白领被股灾洗劫、百姓被房子撞昏、草根被P2P忽悠……

最强大的传销是金融传销。这些金融传销大鳄罗织故事，击鼓传花，让后来者为先来者买单，然后一本万利。他们造成的损失远甚于寻常犯罪，通过看不见的手让巨额财富完成了转移，而且骗局往往看似温情，且带有迷惑性，因而不为普通人所深恶痛绝。在监管的放纵下，通过制度设计诱惑民众的短视和贪婪，从每一位参与的平民百姓中获得收益，赚取单纯凭借劳动无法得到的暴利。

中国正处在转型的岔路口，至少有两条路可选。

> 第一条路：用财富奖励劳动创新、智慧创造价值，这种社会自然走向公平、繁荣和生机勃勃。
>
> 第二条路：财富以马太效应成就的所谓坑蒙拐骗、资本运作、制度套利，这种社会势必走向产业空心、贫富分化、道德沦丧的境地。

如果说，怎么赚取 1 万元，可能会是打工；怎么赚取 100 万元，可能会是充分利用知识；怎么赚取 1 个亿，可能会去经营一项实业；怎么赚取 10 个亿，可能会是举牌并控股上市公司做一次并购重组；怎么赚取 50 个亿，可能会是寻找一个“互联网+”的项目，“打扮”两年趁泡沫卖给股票市场。

人们常说，红颜祸水，女人多了是非多，在金融界似乎更加彰显这一怪相。e租宝美女总裁张敏，获得了老板丁宁赠予的上亿房产和数亿现金；中晋系的倒台也源自一位美女炫富惹的祸。这位美女副总裁，拥有一辆加利福尼亚 T、一辆总裁版玛莎拉蒂、一辆 mini，三辆车是两年内买的，国内还有多处房产，在深圳还有别墅。两年之前，上海最大的保险中介——上海泛鑫保险代理公司美女老总陈怡，用代理人或通过银行员工在江、浙、沪等地向 4433 人推销虚假保险理财产品共计约 13 亿元，造成 3000 多名被害人实际损失约 8 亿元。最终陈怡被判处死刑，没收个人全部财产。

再来看看这些崩盘平台的规模，e租宝 740 亿元牵连百万人，金朝阳财富 900 亿元，昆明泛亚 430 亿元投资者超 20 万人，河北卓达超过 40 万人入局，河北融投担保超 500 亿元，深圳金赛银 60 亿元、湖北财富基石 50 亿元、成都汇通 40 亿元、苏州高仕 20 亿元。这次的中晋投资总额已突破 340 亿元，涉及总人次超过 13 万。

最可恨的是，被中晋欺骗的人中，60 岁以上的投资人就超过 2 万！这些大爷大妈们，在跳广场舞的时候养老金就被不知不觉地忽悠没了。

中国 P2P 的发展究竟有多野蛮？2013 年问题平台仅有 76 家，2014 年这一数据是 275 家,到了 2015 年全国网贷行业出现了 896 家问题平台。目前 3464 家被监测的 P2P 借贷平台中，问题平台约占近半数！

当然，相对百万亿量级的传统金融机构贷款余额，P2P 的量级还不足以导致系统性金融风险。但是这对于数百万家庭，尤其是底层家庭而言，却可能是毁灭性的灾难。

这是一个金融乱世，仅仅有 P2P 的祸乱还不足以称为乱世。

中国的金融乱象已经杂草丛生。在金融创新和税收的诱惑下，许多民营公司自营建立了五花八门的交易场所，涉及贵金属、原油类、农产品类、文化产权及艺术品类、股权类等。以挪用保证金、对赌盘黑庄而臭大街的贵金属原油交易，过去几年数百亿的大案频发，数万甚至数十万人牵涉其中的案件不胜枚举，在酿成多起投资者维权后，监管层多次进行整治，却至今屡禁不绝。

许多平台的交易对象已完全独立于商品或权益本身，背离了金融服务于实体经济的本质，变成了非法期货赌博工具，而部分小型交易所对规则黑箱操纵，甚至使所有交易者都成为被收割的对象，而衍生的各种理财产品，更是扩大了受害者的群体基数。

2. 传统企业该向何处哭诉

2016 年中国制造业萧条，实业举步维艰，一方面，少数行业和局部地区出现规模性的失业潮，对这些产业链上的人赚钱越来越困难；另一方面，互联网、影视传媒、资本市场还在继续享受红利。这些行业的人随着消费红利、资本红利的到来，赚钱却越来越容易，甚至批发式地制造富豪。在可以预见的趋势内，新经济只会越来越火，这种贫富差距只会越来越大，而现有的资本市场套利格局，对这种扩大化缺乏必要的约束力。

目前全国工业企业利润增速下滑，一方面，一级市场企业平均估值自然连带下降；另一方面，二级市场股票的估值却长期维持高位，中小板至今整体估值高于 60 倍，创业板整体估值高于 100 倍。

中国火爆的互联网金融市场建立在一个无准入门槛、无行业标准、无政策监管的“三无”环境中，甚至几乎没有任何金融背景的企业都能借助互联网 P2P 网贷市场分得一杯羹。

究其根源，这其中最核心的问题还是国内个人信用体系的严重缺失，这样导致的问题就是，绝大多数平台在线上无法准确判断借款人的身份真伪以及还款能力，只能到线下获取借款人。

3. 中国需要健康的金融体系

什么叫公正？

> 第一层含义，社会财富的分配向底层民众倾斜，抑制豪强的膨胀，从而刺激全社会消费潜力。
>
> 第二层含义，社会财富奖赏劳动创新、智慧创造价值，而非奖赏坑蒙拐骗、资本运作和制度套利的人。

然而在全民理财和全民并购的狂潮中，受损的是那些将养老储蓄投向跑路 P2P 的老人和将工作积蓄投向股市的白领，是全社会所有持币的人，因为货币的泛滥和资产的升值使现金连年缩水。

相反，获益的正是那些踩着法律红线玩弄坑蒙拐骗、资本运作和制度套利的人。而这些制度的玩弄者，却往往是如今社会的各路“土豪”，他们可以选择移民、选择避税，将无法逃避的雾霾和税收留给广大的底层民众和中产阶级。

中国的再次复兴，不仅仅是经济体量的崛起，也将是价值观的全面重塑，涵盖了中庸之道、贤能治国、天下为公、君子人格的传统精神将融合新的时代精神成为对世界的价值贡献。

有非常之人，然后有非常之事；有非常之事，然后有非常之功。励精图治、锐意统揽，正是非常之时所需要的雄主之姿。“中国梦”这艘大船正在乘风破浪滚滚前行，而行进中难免出现漏洞，防止祸害扩大及时堵漏应是当务之急。

第三节　财富和货币

对于经济来说，当产品、利润、货币三者形成有机循环时，整个社会的财富就会增加。

而最可怕的情况是什么？

是利润已经没了，产品不流动了，只有货币在狂飙！

为什么会出现这种情况呢？

因为有一种东西叫：资本。

“资本”是一种具备天然的扩张性、侵略性的东西，资本的拥有者可以不用顾及“产品”和“利润”，仅仅依靠“货币”的狂飙就可以获得财富。

资本大量存在的社会，往往划分为两个阶层，即劳动阶层和资本阶层。资本阶层不断地催促整个社会财富发生各种“马太效应”，将财富往自己手里集中。

需要强调的是，货币并不等于财富。货币只是形成财富的手段，健康的货币循环能形成财富，恶性的货币狂飙将会吞噬财富。

资本掠夺财富的基本逻辑是：先让大量货币涌入市场，推高经济增长，提高劳动者的积极性；然后架空实体经济，迫使传统企业低价变卖资产，这时再来抄底收购，通过“一张一缩”变相侵占了劳动阶层的财富。

资本吞噬财富可以分为三个阶段。

第一阶段：货币超发

第二阶段：现金紧缺

第三阶段：抄底收购

下面我们就来深刻剖析这其中的逻辑。

资本家为了赚取货币，不断扩大生产，不断要求劳动者加班干活，然后就生产出了大量产品，但是这些产品却卖不出去，为什么呢？因为社会上的消费者也是由广大劳动者构成的，而劳动者被资本家剥削后，根本没有那么多货币去消费。劳动阶层虽然创造了大量财富，却又不能享受这些成果，于是就造成商品的不流通，产品大量过剩，这就是所谓的产能过剩。而此时，宏观经济被诊断为内需不足，于是开始实行宽松货币和货币超发的政策。而当内需不足而产品又大量积压时，采用刺激货币的政策是最危险的。在实体产业衰退、金融杠杆无处不在的情况之下，宽松和超发的货币，也恰恰只会被资本阶层利用，其实就是一种加强版的马太效应。

这些货币既不会投入实体产业的生产循环，也不会闲着发霉，资本的趋利性使它们只会朝着利益最大化的方向投机，比如，炒房、炒地、炒新兴产业，等等。大量货币四处乱窜，寻找“价值洼地”。当然，这些货币绝对不会去购买那些滞销的产品，所以本来就滞销的钢铁、煤炭价格依然在下降。这些货币还会投入到刚需产品，比如，住房、食品等，以致这些商品的价格在不断上涨。这些货币冲进楼市，造成楼市疯涨；冲进快消品市场，就会导致物价疯涨。

于是在实体经济萧条的时候，金融行业却异常火爆，比如，场外配资、P2P、合伙炒房，等等。这使生产性行业和地区的经济发生断崖式下跌，为什么三四线城市房地产萧条，而一线城市的房地产很火爆？因为三四线城市的房子就是房子，而一线城市的房子是金融产品，仅此而已。

货币流到了哪里，机会就指向哪里。所以，即便是经济处于低谷时期，仍有人因为善于投机而成为富翁。超发和宽松出来的货币全部都涌向了投机行业，而不是实体经济和新兴产业，这就好比人间大旱，老天爷赶紧下了一场雨，结果这场雨全部下到了涝区，这是一个致命的错位。于是就出现了这样尴尬的局面：热货币都变成了各种金融产品（现在的房子也是一种金融产品）；最缺资金的实体行业没有得到货币，最缺资金的创新型企业更无法得到货币（我们听说的某某融资成功都是极少数，绝大多数创新型企业都在苦苦等待）。投机者出于人性的贪婪，永远都需要资金继续投机；做实业的人心有不甘，需要脚踏实地地用资金转型；创业者坚守梦想，需要资金去发展壮大。所以我们能强烈地感觉到，现在似乎每个人都缺乏资金继续运转……

那么，企业能坚持到什么时候呢？

这里的企业包括两种：传统产业和新兴产业。传统产业靠债务，新兴产业靠融资。对于传统企业来说，既然产品开始不流动，利润趋于刀片般薄弱，也就只有依靠不断扩张的债务维持。比如，很多工厂，其实早就把身家性命抵押给了银行，银行向其提供贷款。

而像京东这样的新兴企业，则完全依靠资本市场的资金在“战略性”发展。显然，债务是拆东墙补西墙，融资是用今天的小货币去博明天的大货币，大家都在赌“未来”。未来能不能赌得赢，只取决于一个元素，那就是当下的结构是否合理，今天播下的种子就是未来的结果，这就又回到了上面的第一个阶段了。大家都在用青春赌明天，这条路走得越长，我们身上背负的包袱就越重。

当货币不断增加时，债务也在不断增加。因为在目前的金融体制下，大多数货币来自贷款，增加贷款供应，必然也增加债务总量。所以在货币狂飙时期，巨额货币与巨额债务并存。

最要命的是，实体产业背负债务依然还看不到希望，大量创新型企业都在苦苦坚持，但它们基本上不能从银行贷款发展，因为银行需要看你的固定资产，但这些创新型企业哪里来的固定资产？

日本早在 1998 年就进入了通缩时代，然后日本央行实行了零利率政策，但是并没有起太大作用。因为继续放松贷款，经济循环中的货币更多了，债务也就更多了。所以与其不断地开闸放水，不如冷静地调整一下分配方式、金融系统以及产业结构。

陷入债务危机的传统产业，不仅债务负担越来越重，还得遭受多重挤压，苦苦挣扎，随时面临破产清算的风险，到了一定程度只能被收购或者吞并。而背后的资本家却一直虎视眈眈，渴望在它们陷入债务危机时期，以极低的价格廉价收购它们，或者将其化公为私。所以，未来又有少数人可以在这个过程中迅速完成资本的积累，一大批资本新贵又将出现。

每一次经济萧条，都是一次资本的盛宴。最后的胜利者，是那些在危机高峰时期能够获得低息贷款的人，或者那些还侥幸拥有足额现金的人。而同时，那些跟风进入股市、楼市试图发财的人，如果不能及时找到接盘者，必将成为时代的牺牲品。

而当劳动阶层被剥削到精光的时候，资本阶层就会踏空，经济危机就会正式宣告到来。当然，强行托市如同饮鸩止渴，经济危机来得越晚，塌陷得就会越严重，最严重的情况可以假想为债务归零、货币归零。

通过以上的论述，我们可以发现只要坚持三个原则，经济就会由死循环进入活循环。

第一：财富不能单向汇聚，必须循环供给。

第二：实体产业是社会的根基，需要保证其发展。

第三：创新型企业必须得到哺育。

第四节 经济危机

请先看两种“开矿”的小故事。

第一种情况：

假设在一个地方发现了金矿，有人投资建了一个矿场，雇了100个工人为他淘金，每年获利1000万元，矿主把其中的50%作为工人工资发下去，每个工人每年收入5万元，他们拿1万元来租房子，剩下的4万元可以结婚、生孩子、成家立业，矿主手里还有500万元，可以用来投资。

因为工人手里有钱，要安家落户，所以，房子出现需求。于是矿主用手里的钱盖房子，租给工人，或者卖给工人。工人要吃要喝，所以，矿主把钱用来开饭店，把工人手里的钱再赚回来。

开饭馆又要雇佣别的人，于是工人的亲属有了就业机会，也有了收入。一个家庭的消费需求就更大了。

这样，十多年之后，在这个地方出现了N多个家庭。孩子要读书，有了教育的需求，于是有人来办学校，人们要娱乐、要消费、要有更多的需求，于是有了电影院、商场，等等。

50年过去以后，当这个地方的矿藏快被挖光的时候，这里已经变成了一个数十万人左右的繁荣城市，矿主也成为这个城市的首富和最受尊敬的人。

第二种情况：

假设同样发现了金矿，同样有人来投资开采，同样雇了

100个工人，同样每年获利1000万元，但是矿主只把其中的10%作为工资发下去，每个工人1年收入1万元。

这些钱只够他们勉强填饱肚子，没有钱租房子，没有钱讨老婆，只能住窝棚。矿主1年赚了900万元，但是看一看满眼都是穷人，在本地再投资什么都不会有需求。

于是，他把钱转到国外，因为在本地根本就不安全，他盖了几栋豪华别墅，雇了几个工人当保镖，而工人没有前途，除了拼命工作糊口外，根本没有别的需求。

50年过去以后，这个地方除了几栋豪华别墅外，依然没有别的产业。等到矿藏被挖完了，矿主带着巨款走了，工人继续流亡……

不可否认，第二种情况，正好和我们现在遭遇的境遇有所相似。也就是经济危机来临了，那么究竟什么是经济危机呢？

通过上面的例子，我们不难看出：虽然我们生产出了大量产品，但是这些产品却卖不出去，因为劳动者虽然创造了大量财富，却又没办法享受这些成果，于是就造成商品的不流通，产品大量过剩，就出现了所谓的产能过剩的现象。

从经济层面讲，财富本身是没有社会价值的，财富只有流动起来才能产生社会价值。财富只有在流动中才能实现增值，经济才会越来越繁荣。而财富的流动是需要通过分配实现的，特别是社会上的财富积累越来越多时，它就有着迫切被分配的需求。财富从一个阶层转移到另一个阶层，或者从一群人转移到另一群人，这才能保证社会的循环，生生不息。一旦停滞，就意味着经济危机的到来。

虽然自由市场经济最大限度地激发了资本家“生产创造”的积极性，但是创造的社会财富不断地向资本家一方单一流动，到了一定阶段社会就无法继续发展，所以资本主义国家每隔一段时间就会爆发经济危机，通过疏导之后再形成新的经济循环。第二个故事就是这种状况。资本家贪婪的本性刺激他们不断地掠夺整个矿区的财富，当矿区的财富都集中到他们手里之后，工人拿什么去消费？

从残酷竞争的角度来讲，资本家理应获得别人的财富；从资源优化的角度来讲，优胜劣汰必然会发生。而财富的转移、分配或掠夺，却是这种竞争制度之下必然的结果。

值得一提的是，财富过度集中的结果，不仅会使普通百姓越来越贫困，甚至最终还会导致部分资本家破产。如今的中国，产能过剩、竞争激烈，传统企业家们在面临着生意越来越难做、利润越来越薄的困境的同时，还要支付“昂贵”的房租成本、资金成本、税收和用人成本，甚至还要承担一些众所周知或鲜为人知的灰色成本，如今，企业家群体的亏损、破产、死撑、逃离、自杀、入狱已经不再是新闻。

所以，财富一旦不流通，受伤的是整个社会。在有安全边际的前提下，我们必须再奋力一击，让财富流动起来以使整个社会财富井喷。

第五节　直升机撒钱

诺贝尔经济学奖得主米尔顿·弗里德曼，在长期观察世界经济运行周期的规律后，于 1969 年提出一个非常大胆的策略：“直升机撒钱”。

他在著作 ***The Optimum Quantity of Money*** 里是这样描述的：想象一下，有一天一架直升飞机飞过你住的社区，天上掉下来 1000 美元。当然，人们会把钱捡走。每个人都相信这种事百年一遇，可能有生之年再也不会遇到了……

当然，这还停留在幻想阶段，但是越来越多的经济学家、政治家意识到这种手段的有效性和必要性。

纵观 10 年以来的人类社会发展动向，各种迹象已经反复证明了一件事：全球经济已经遇到了一个奇点，这个奇点是 300 年以来的资本主义制度导致的，它已经不是一个什么政策就能够解决的。

放眼四望，如今全世界的经济体都陷入了一个恶性循环，即每当出现经济危机时，政府就发行货币，或者刺激经济流通，企图提升消费需求。最典型的就是美联储的降息、日本的安倍经济学、欧洲极度宽松的货币政策、中国的降息降准、货币超发，等等。

2008 年金融危机以来，全球央行一共已降息 637 次，美国银行数据估计目前全球已有 4.89 亿人口生活在负利率国家。然而事实一再证明：量化宽松并不是灵丹妙药，而且它们的有效期越来越短，就像服用兴奋剂和伟哥一样。

甚至这些手段并不能跳出经济的恶性循环，只能使循环加速。危机的真正根源在于财富的单向流动。而此时政府为了提升消费，开始量化宽松、发行货币、降息，等等，企图将货币抛向消费端，于是出现了我们开头讲的各国都在刺激经济增长的局面。关键问题是，由于资本对资源的掌控性，以及资本天生的扩张和增值性，政府宽松出来的货币并不能流到需要的地方，更很少流到普通百姓的腰包里，反而被资本利用，都流入了最容易升值的空间，比如，房产、股市及资本市场。于是，泡沫出现了，并被不断吹大。

所以，我们必须清醒地认识到一件事：用货币来调节危机是对的，但是一定要让货币流入最需要它的地方。

以中国为例，很多人一直抱怨中国经济危机所有问题的根源都是因为发行的货币太多了，这其实是只知其一不知其二。笔者认为中国经济的问题不是发行的货币太多了，而是发行的货币到不了最需要的地方去。

比如，在 2008 年，受 2008 年次贷危机的影响，中国经济遭遇过困难，然后迅速制定了 4 万亿的政策。当时正值传统企业转型时期，然而由于资本的逐利性，这些传统企业拿到银行的货币之后，并没有用于升级转型，反而都投入到了最赚钱的房地产行业，致使中国制造业错失了发展的大好机会。

再比如 2016 年，世界经济再次步入萧条期，中国经济也开始萎靡，然后迅速执行了货币超发政策，但是这次超发的货币又被涌向了房地产行业，促使中国已经高得不能再高的房价再一次被推高。

除此之外，每次货币超发后，银行都是把贷款发放给了效率低下的国企，而广大创新、创业的中小企业需要资金发展，但是由于没有固定资产做抵押，只能干着急，这导致货币流动效率非常低下，并不能为人们创造财富。

所以，由于政府和百姓之间隔着各大“资本”方，所以政府宽松的绝大部分货币都不可能流通到百姓手里，或者是最需要它的地方去。因此这种用发行货币的办法拉动经济增长，只能是饮鸩止渴。

这就好比天太旱了，百姓急需老天爷下一场大雨，结果老天爷一下雨就下到涝区。于是世上一部分地方永远都是大涝，另一部分地区永远都是大旱，且无法互相疏通！笔者认为最好的解决办法不是让老天爷再下雨，而是进行一场人工降雨，将水直接送往旱区。

日本在 20 世纪 90 年代初资产泡沫破灭后陷入长期的经济萧条，尽管日本央行已经长达 20 年将利率降至零，甚至实行负利率政策，但是经济依然无法抬头。可以断定，日本如果不采用非常之办法，将永远走不出危机的泥潭。

因为在资本主义国家，只要根本制度不改变，无论采用什么样的调节方案，底层百姓永远不可能享受社会的发展成果，只要社会创造的财富不能归全社会享有，那么经济危机就会永远存在，并且会愈演愈烈。

非常之时，当有非常之举。

再回到我们开头讲的“直升机撒钱”理论，为什么这种办法才是解决经济危机的真正办法呢？

> 第一：所有百姓，无论贫富、美丑，出身如何，均可以享受到社会财富，这就有力地抵制了机会不均等。
>
> 第二：发行的货币可以设置一个有效消费期，让人们直接用货币去消费，从而刺激经济循环。
>
> 第三：有力地防范资本的介入，可以防止引发的货币推高产业泡沫。

当然，所谓直升机撒钱只是一种大胆设想，它并不是真正意义上的用直升机给大家撒钱，而是指通过一种更为直接的方式，将钱直接送到消费者手里去。已经有很多经济学家和政治家在努力做这种尝试。英国金融服务管理局（FSA）前任主席特纳（Lord Adair Turner）是“直升机撒钱”最早的倡导者之一，他呼吁必须打破将资金直接转移到消费者的禁忌。

伯南克任美联储主席时，就大胆实施了这种货币政策。他说自己愿意驾驶这样的直升机径直起飞去撒钱。他在布鲁金斯学会（Brookings）博客的文章里大方地承认了自己“直升机本”的外号，并称在一些极端情况下，如总需求严重不足、货币政策力量耗尽、国会不愿使用债务支持的财政政策等，则“直升机撒钱”可能是最好的选择。

“直升机撒钱”这种货币政策形式具有众多历史先例，合理的立法灵活性，它可以被证明在本质上比传统货币或财政政策更为有效。

我们众所周知的高福利国家瑞士，将于 2016 年 6 月 5 日举行一项公投，以决定是否每月向每名成年公民发放将近 2500 美元（约合人民币 1.6 万元）。如果公投通过该方案，瑞士将成为全球首个全民无论就业与否都可每月领取收入的“超级福利国家”，这其实就是一种“直升机撒钱”方案。

根据该方案，瑞士每名成年公民无论是否就业，每星期都可领取 605 美元，相当于每月领取将近 2500 美元；每名儿童则可每星期领取 142 美元。

这份方案已经集齐 10 万个签名支持，按照瑞士法律可以进行公投。瑞士联邦政府随即批准于 2016 年 6 月 5 日就这份方案举行公投。瑞士是出了名的“公投之国”。根据瑞士宪法，公民只要在 18 个月内收集到 10 万个有效签名，就可以要求对所创制的提案进行全民公投，如果投票最终获得多数公民及多数州的同时赞同，即可生效。

马克思早在 150 年前就预言，资本主义有三个阶段：封建资本主义、帝国资本主义，以及福利资本主义，然后步入消亡。

150 年后的今天，我们正在见证这一伟大预言，如果理性客观地回顾这三个阶段，就会相信其中的必然性。下面笔者以欧洲为参考做一个说明。

欧洲作为全球资本主义发展最早也是最根深蒂固的国家，先后经历了这三个阶段。

第一阶段的封建资本主义，指的就是资本主义国家的早期阶段，资本家都是由传统没落的封建贵族转化而来的。

第二阶段的帝国资本主义，指的是资本对国家的掌控后，为了实现其扩张性，开始跨国采购和生产，从而引发对其他国家的掠夺侵略。

第三阶段的福利资本主义，指的是资本主义国家生产力不断发展，创造的社会财富不断增多，但是为了维持社会运转，必须把财富分配给劳动者（底层百姓）。

如今欧洲已经过渡到第三个阶段，欧洲的高福利全球皆知。所谓的高福利，就是政府需要不断地将财富分配给普通百姓。将财富返还百姓的办法不外乎以下几种：

- 制定最低工资标准；
- 完善提高养老保险制度；
- 调整税收政策，劫富济贫。

比如瑞士这个国家，正以“超乎世人想象”的魄力朝这个方向不断地努力。在 2014 年 5 月大比例否决了设定每月 4000 瑞士法郎的最低工资线，如果当时这一动议通过，瑞士将拥有全球最高的最低工资线。

然而，我们已经看到，尽管各国政府已经在这三方面不断努力，也取得了一定成效，但是这永远都属于温和性刺激，很难在短期内奏效。

还是那句话：非常之时，当有非常之举！最直接有效的办法就是“用直升机撒钱”，即政府直接把印发的钞票发到消费者手里。

在数学上，一个正数乘以一个负数依然是一个负数，而一个负数乘以一个负数，却是一个正数。

分析到这里，或许隐约之中，我们已经感觉到一种资本主义必将灭亡的命运，而中国也必须吸取教训，坚定不移地走具有中国特色的社会主义道路。世界数百年来的发展，已经向我们证明，中国选择了一条阳光大道。虽然我们经历了曲折和摸索，但最终会踏上这条大道，并将世界引向光明的未来。

值得欣慰的是互联网衍生的各种新兴经济模式，比如“共享经济”和“个体经济”，也正在瓦解传统资本，而资本扩张所依赖的创造力和创新性，正在促使资本裂变。笔者认为资本在未来唯一的出路就是：在裂变中增长。而裂变后的资本最终将成为一个个的个体，资本在消失，个体被解放，最终实现百花齐放、百家争鸣的大繁荣。这才是人类未来的真正出路。

第六节　警惕战争

从战略的高度来看，社会运转只需两种东西就可维持：

一种是商品；另一种就是武器。

两者一阴一阳、一静一动。

当商品快速流通时，武器就会按兵不动；反之，当商品开始滞胀时，武器也就会“纷飞”。

战争是消耗掉资本过剩的一个很好的方法，比如第二次世界大战一下子就有 100 万亿美元的资本被消耗掉了，因此，战争是摧毁人类财富的一种最直接、最残酷的方法。当这些财富全部被摧毁时，人类经济也就进入到下一个循环中。

自从 18 世纪西方工业革命以来，资本主义在全球确立了统治地位，世界被连成一体，帝国主义在全球掠夺资源，然后全球化生产，进而开拓全球性市场，这使世界各国被串联或并联成了一条生态链（同一环节的国家是并联关系，上下游环节的国家是串联关系），从而形成了一条利益紧密的关系链，弱肉强食。

以英国为代表的西欧列强，当年对中国发动鸦片战争时，最大的动机是打开中国闭关锁国的国门，然后把自己的商品卖到中国。在鸦片战争之前，中国对英国的产能是超出的，也就是说，中国的丝绸、茶叶等过剩产能可以源源不断地输入到英国，而英国的商品却很难打开中国市场，所以英国不但没有对外转嫁危机，反而被中国所转嫁。

美国独立战争，有一种说法是源于波士顿倾茶事件，说是印花税、关税太高，最后导致北美人民揭竿而起。但真正的导火索是英帝国对北美的经济定位，就是一个原材料供应地和商品倾销市场，所以英美最大的矛盾，在于英国限制北美自己的资本主义发展，限制北美自身产能的发展，于是导致了北美本土资产阶级的不满。当时有一部法律，说北美和其他地区做生意，必须先将货品经过英国，进口商品同样如此，经济矛盾由此可见一斑。

从此以后，所有的战争都是由于经济危机引发的。因为资本的贪婪使得财富往自己这一端集中，另一端却越来越丧失消费能力，这就是经济危机。经济危机意味着商品流通变慢，一旦商品流通变慢，就意味着工人失业、工厂倒闭、贸易萎缩。此时所有的经济刺激手段都会失效，唯一的办法就是通过战争催生新的需求，并产生新的物品流通。

列宁说："不是生产食物更加困难，而是工人群众取得食物更为困难。"

马克思说："一切危机的最根本原因，总不外乎群众的贫困和消费乏力，而资本主义国家却不顾这种情况而力图发展生产力。"

笔者认为："当经济失衡之后，所有的生产力都会转化为'战斗力'。"

1. 德国为什么妄图吞并世界

德国是第一次世界大战的战败国，被瓜分之后经济陷入崩溃边缘，1923 年德国发生严重的通货膨胀，当时 1 美元可以换 40 000 亿德国马克。在德国当时买 1 个面包要花 1000 亿马克，1 升牛奶要花 3000 亿马克。

到了 1929 年，德国的失业人数高达 600 多万人，占就业人口的一半以上！当时很多德国父母带三四个孩子和两个老人一起生活，而在这样一个大家庭里挣钱的劳动力经常只有一个，此时德国已面临整个民族的生存危机。

时势造英雄，这时战争狂人希特勒上台了。

希特勒上台 11 天便正式宣布：要修建世界上第一条高速公路，他还拿下了 1936 年柏林奥运会，并下令铸造了一座 16 吨重的巨钟，建造了 70 米的希特勒钟塔，并建设了比美国洛杉矶奥运会更豪华的奥运村。

在经济方面，希特勒从夺取“生存空间”的战争目标出发，建立了国家干预的统制经济体制。根据恢复经济和战备经济的需要，国家在经济领域按行业部门——工业、商业、金融、手工业、保险业、动力和对外贸易 7 大行业，组成 7 个经济组合，下设 44 个经济组，350 个专业组，640 个专业小组，并按地区——省、市、区，将全国经济从横、纵两个方面统制管理起来，控制消费工业生产，使军工生产恶性膨胀发展。希特勒法西斯用降低民众生活水平的办法扩军备战、发展军工生产，推行经济军事化，军备生产大大超过其他任何国家。德国工业发展速度不仅超过美、英、法等国，而且在整个资本主义世界工业总产值中，德国居资本主义世界第二位，仅次于美国，而把英、法抛在后面。1939 年德国的军火生产量已是美、英两国总和的 2 倍以上。到 1939 年 9 月 1 日战争全面爆发时，德国许多最重要的合成产品的生产，如氮、燃料、橡胶和人造纤维等，都已遥遥领先，居世界第一位。德国经济的高速发展，为希特勒法西斯发动侵略战争奠定了有力的经济基础。

1937 年，希特勒在视察热火朝天的建筑工地时，突然对自己身边的工作人员说了这样一句意味深长的话：“你们看着吧，德国经济很快就能达到足以支撑战争的规模了！”

当德国国内发动战争的条件逐步走向成熟的时候，国外日本和意大利的法西斯政权已经建立。为实现对外侵略计划，这三个法西斯国家走到了一起组成了同盟。这样德国发动第二次世界大战的条件已经全部成立，万事俱备只欠东风，只要有一个合适的理由便可发动战争。

一个国家的实力，并不只是军事，还有一个很重要的方面——经济。2016 年 5 月 11 日，德国宣布扩军 1.1 万人，这是德国近 25 年来首次宣布扩军。

俗话说“大炮一响，黄金万两”，没钱了就是等死。希特勒打着保护德意志民族的旗号悍然发兵吞并了奥地利和捷克斯洛伐克。又于 1939 年以“波兰走廊”等领土本属德国为由发动对波兰的入侵，挑起第二次世界大战。至此第二次世界大战全面爆发，德国再次将人类推入战争灾难之中。

当然，用战争进行经济掠夺的例子也在另一半球上演着。

2. 日本为什么要侵略中国东北

先来看看日本当时是如何迅速发展起来的。

第一次世界大战之后，日本从中国和印度买入原料，然后借助引进欧美技术和依靠日本低廉的工资水平迅速发展起来加工工业（尤其是棉纺业），将生产的大宗消费品出口至欧洲特别是美国市场，经济发展迅速。

但是很快日本国内投资开始过度膨胀，形成泡沫。而此时日本引为竞争优势的廉价生产力，由于工人工资水平的提高也逐渐失去了对外竞争力。低成本优势的消失使得日本政府不得不出面干涉，不断想方设法压低工人工资待遇，加上不断出台的维持经济泡沫以防其破灭的措施，日本社会的贫富差距不断增大，生活负担加重，国内消费不振，庞大的产能无法内部消化。

而此时日本城市人口大幅增加，出现了大批的白领（中产阶级），这批新生的市民阶层开始出现了政治要求。当时日本教育普及、传媒发达，相当多的人对官僚控制政权、财阀垄断经济非常不满，在他们看来，日本国内的种种乱象，就是贪腐的政治家、贪婪的资本家和阴谋遏制日本的美英势力勾结破坏的结果。整个日本社会也陷入了社会抗争的高发期，工人罢工、农民租佃斗争的次数节节高升，政局加速动荡。

直到 1929 年，日本的经济泡沫终于累积到引爆的临界点，1931 年农民各阶层的收入至少减少一半以上。而 1930 年近八成佃农已无法维持基本的生计。北海道、东北地区的农家已经到了卖儿卖女的地步。而当时的政党内阁，在救济农村方面却几乎毫无作为。

这时天皇专制政府开始宣扬极端的国家主义来转移民众对国内政治的注意力，以极端民族主义的国家对外目标来压制和瓦解国内的民权主义、民生主义与和平主义。于是“忠君爱国”的国家主义教育在青少年间广泛传播，法西斯主义逐渐登上日本历史舞台。法西斯主义者主张日本应实行永久的征兵制，建立强大的陆军与海军，以大陆军与俄国相对抗，以大海军与美英相对抗。

他们还强调日本民族的高贵、优越，强调日本在亚洲的指导地位，鼓吹对外扩张需要武力的论调。在民间的法西斯分子层出不穷的同时，日本军队内也大量出现了军国主义者，包括出访德国的永田铁山、冈村宁次、东条英机，以及 1931 年发动了“九·一八”事变的石原莞尔。

日本为什么要侵略中国东北？因为当时东北地区是中国工业、农业、交通运输、对外贸易、城市化水平、文化教育等最为发达的区域之一。据史料记载，当时的东北地区已经拥有占全国产量 80%的钢铁、93%的石油、55%的黄金、47%的铁路、38%的对外贸易，等等。

而自 1932—1944 年的 12 年中，日本侵略者共计掠夺东北煤炭 1.15 亿吨、钢材 1308 万吨、生铁 300 万吨，在东北开采石油年产 20 万余吨。除此之外，日本通过设立伪满官方银行滥发纸币，人为地制造通货膨胀，进一步压榨盘剥东北人民，伪满官方银行在东北地区共计发行纸币 100 多亿元。

日本利用西方大国深陷欧战无暇东顾之机，全力从中国攫取了战略利益。此消彼长，随着中国资源的殆尽，日本的工业生产总值却增长 4 倍，对外贸易增长 3 倍以上，并由战前的债务国转变为战后的债权国。

以上虽然都是历史，但是如今资本主义在全球依然处于统治地位。如 1991 年爆发的海湾战争，美国打出“正义”的幌子帮助科威特驱逐伊拉克。难道美国真的是为了正义吗？如果真是为了正义，那么 1974 年印度吞并锡金，美国怎么就不站出来？还有一些小国之间的战争，美国怎么就不站出来“维持正义”？

如今随着新自由主义意识形态的全球泛滥，各国政府放松金融管制。由于金融的过度投机和过大的杠杆，资本主义国家诸如有价证券、存款贷款、外汇之类的无物质载体的虚拟经济大大超过了实物经济。随着“虚拟经济”与“实体经济”的严重脱节，金融泡沫持续膨胀，一旦金融泡沫破灭就会引起破坏性极大的连锁反应——货币汇率大起大落、股市剧烈动荡、大银行破产接踵而来，现在恰恰全球都遇到了这个问题。

3. 认清国际形势，做好突发准备

私有制是人类不平等的起源，金融是贫富差距的根源。

虽然第四次工业革命和互联网变革带来的创新会让经济出现转折点，但是资本的恶性膨胀，恰如一颗恶性肿瘤，会吞噬一切正常细胞。面对危机，资本主义国家都在急遽降息、恶性增发货币，试图增加新的产能，而世界范围内的穷国和穷人愈来愈穷、富国和富人愈来愈富的两极分化局面并不会由于创新而缩小，反而有可能被加剧。

生产能力无限扩大与穷人需求不足之间的矛盾，是现今社会制度无法调和的。有时世界经济看似走出低谷，但新一轮更大的经济危机极有可能就在低谷中酝酿与积聚。从根本上说，这正是在为下一轮更大的金融乃至经济危机积蓄能量。

列宁说：“无产阶级无论现在还是将来都始终不懈地反对战争，但它一分钟也没有忘记：只有完全消灭社会划分为阶级的现象，才可能消灭战争。”

1929—1933 年世界爆发了经济危机，当时的德、意、日三国为转嫁经济危机开始大肆侵略，并组成战争集团，世界爆发了人类历史上最大规模的战役，如今呢？

第二次世界大战结束后，世界之所以迎来了和平时期，那是因为有了和资本主义相抗衡的社会主义国家，这才使得资本主义国家对外发动战争的借口有所收敛。

然而冷战结束后，社会主义阵营力量越来越弱，资本主义似乎又开始欢呼雀跃、肆无忌惮起来，以美国为首的资本主义国家又开始寻找各种借口在世界上疯狂地发动战争。自 20 世纪 90 年代初以来，美国已先后进行了 40 多次海外军事干预行动，平均每年 4 次左右。比如，海湾战争、波黑战争、“9·11”事件之前的反恐行动、对伊拉克的“沙漠之狐”战争、科索沃战争、阿富汗战争、伊拉克战争、利比亚战争，等等。到了 2008 年，由美国次贷危机所引发的世界经济危机的全面爆发，加剧了资本主义世界的矛盾，这迫使它们更为急切地需要用激烈的对抗转嫁经济危机，因而开始挑唆中国周围的小国比如日本和菲律宾与中国作对。

当前的国际形势与“二战”前的形势极其相似。今天的中国与美国如同“二战”前的苏联与德国。当时苏联通过社会主义建设经济迅速提升，一心抓建设；而德国正紧锣密鼓地准备着进攻苏联。尽管当时就有人提醒苏联政府认为德国会进攻苏联，但苏联政府却认为德国不可能会对苏联发动战争，所以，当德国用“闪电战术”突然进攻苏联后，苏联几乎一下子就步入灭亡的边缘。

如今的日本，与“二战”前又何其相似。经历了失落的20年之后，虽然在安倍经济学的反复刺激下，但经济始终不见复苏。日本目前公共债务已堆积如山，而迄今为止，日本央行史无前例的资产购买计划和负利率政策还未能提振通胀及打破经济扩张和收缩周期。再看地球的另一端，西方经济也早已陷入一片沉寂，德国10年期国债收益率已不足1%。也就是说，世界的两端都陷入了危机的沼泽里不能自拔。

仅仅针对南海问题，从20世纪70年代起，美国就分别于1971年、2001年、2009年3月、2013年12月、2014年夏天、2015年5月12日发起6次挑衅。2016年清明节刚过，美方就表示将于4月初在南海再次巡航，而所要巡航的岛礁，至今存有争议。同时美菲军演在南海争议区附近打响，此次军演参演人数较去年增加一倍，美国则出动55架战机，一直对中国耀武扬威。

中国在近代被西方列强反复欺辱，自己也经历了200年的韬光养晦，再加上最近30年的养精蓄锐，军事实力与日俱增。根据2016年2月公布的2015年最新全球各国军事实力排行榜，美国军力居首位，紧随其后的是俄罗斯和中国。当然该排名考虑到了50多项因素，不仅包括国防支出和具体军事实力，还包括自然资源开采量及国家的后勤保障能力。例如，海港和正在使用的机场数量、公路长度等，另外人力资源也起到了很重要的作用。古人云：“不谋万世者，不足谋一时；不谋全局者，不足谋一域”，对于当前的国际形势，中国必须做好突发情况的准备。

CHAPTER 3

第三章

危中有机

在当前的经济转型时期，企业最重要的任务不再是发现市场和机会，而是必须思考自己的核心竞争力是什么，如何围绕核心竞争力来构建商业模式，在市场上取得独特地位。

第一节　风口消失

“站在风口上，猪都能飞起来！”

意思是：只要选对了方向、抓住了时机，再笨的人都能被托起来。这就是所谓的“飞猪理论”，源自小米创始人兼CEO雷军。

“飞猪理论”的成立有两个前提：

第一，中国经济一定要处于上行时期。

第二，你选择的行业一定还处于红利期。

然而这两个前提在中国都已经不存在了……

比如，2005 年房地产开始红火，闭着眼睛投资几套房子，今生再也不用去奋斗了。而如今房地产行业开始分化，什么样的房子还能升值，“猪”是肯定没有能力判断出来的。

比如，2007 年适逢中国股市大牛市，随便买只股票都能赚钱，2015 年这些“猪”全部摔了下来。如果看不懂中国经济和时代大势，今后很难再玩转股票。

比如，2010 年自媒体红利开始，随便申请一个账号，随便去整合些内容都能积累几十万粉丝，然后靠接广告就可以赚取不菲的收入，然而从 2016 年开始这些人的收入也开始下滑。如果没有原创能力，也很难再玩转自媒体。

再比如，雷军的小米先顺势再借势，成为当时最受瞩目的明星企业，中国大大小小无数企业争相去效仿，然而在享受完中国粉丝经济的红利之后，如今也不得不去面对正在遭遇的危机。靠人人会走，靠山山会倒，靠风风会停。所谓的经济大萧条，无非是一场社会大洗牌。无破则不立，旧的不去新的不来！所谓的“风口”，就是中国最传统、最典型的商业思维，充满了投机和捷径。如果大家都想找捷径而不是脚踏实地，那是很危险的。

可以这样说，中国今后都不会再有这种投机和借势的机会。否则，整个国民将会永远陷入一种找风口、要小聪明的投机主义风浪中，更何况选择“风口”只是在赌赛道，对于提高成绩来说，永远都是有限的。世界变化那么快，没有永远热门的行业。

有人埋怨，中国最好的时代已经过去了，因为宏观经济上涨大势和各行各业的红利期都已不再，然而笔者认为中国最好的时代就在眼下。因为凑热闹的人都离开了，剩下的是真正热爱这个行业的人在坚守。

水木然点评：

只有这些坚守的人，才是真正热爱这个行业的人。只有他们才能将这个行业引向光明。

中国以前是这样的：如果一条路看起来很“好走”，那么踏上这条路的人就趋之若鹜，以至于很多人总要走别人的路，让别人无路可走。

传统而畸形的中国社会，让一部分“见利忘义”的人成了暴发户，成全了一批善于投机取巧的机会主义者，哪里来的热爱、哪里来的价值观、哪里来的理想，就是哄抢、争夺而已，乱作一团，正如鲁迅先生所说的那样：“长此以往，国将不国！”

中国传统商业长期的畸形已经导致了一个非常恶劣的局面，可以用一句调侃的话来概括中国传统商业：“中国人生产什么，什么价格就跌；买什么，什么价格就涨。”因为中国人永远都是在盲目跟风。在选择行业时没有热爱、没有兴趣，忽略自我特点，直接导致“一窝蜂”的哄乱局面。

2008 年，很多传统企业看到房地产形势一片大好，再加上国家的4 万亿元投资，都转型去做了房地产，这里面甚至包括很多服装企业。如今这些企业也在遭受时代的清算，资产全部变成了固定资产，而中国传统产业的升级，也被这样错失了，实在令人感到可惜！

犹太人跟中国人同样聪明，但犹太人的智慧显然更胜一筹，因为传统中国人做事总会演变成“同质化竞争”，而犹太人做企业时永远都奉行因地制宜、因人而异，奉行“差异化共存”的大局面。

那么，为什么“一窝蜂”在中国以前是有机会的呢？因为那时我们的产能还没有过剩，只要你能生产出来，都会被社会消化掉。而中国现在的产能已经大幅过剩，再去“一窝蜂”般地凑热闹就是自杀式袭击。如果企业还不能深刻理解这个变化，未来是非常危险的。

在当前的经济转型时期，企业最重要的任务不再是发现市场和机会，而是必须思考自己的核心竞争力是什么，如何围绕核心竞争力来构建商业模式，在市场上取得独特地位。

不要看到很多企业依然舞照跳、马照跑，即便是它们早已积累的家底深厚，面对正在到来的新时代，如果不能从根本上调整自己的定位，树立正确、负责的心态和目标，一场财富的硬着陆相信就在眼前。

这场危机其实就是一场清算式的危机。这一轮大调整，必须先牺牲一部分人，即中国传统的既得利益者们，也就是那些不顾一切，只知道一味赚钱的商人们，这个时代首当其冲地要先将他们淘汰。

> 随着中国社会的完善，今后再也没有“风口”可抢。这个时候大家不妨沉淀下来重新思考自己的定位。
>
> 我适合做什么？
>
> 我的长处是什么？
>
> 我有理想吗？
>
> 我可以为这个社会创造什么价值？

对于今后的企业战略来说，目标不是做到多大多大，而是在行业里做精。以前的企业是越做越宽，今后的企业一定是越做越深，要做就把一个行业做彻底、做极致、做到具备不可替代性，此时不仅可以牢牢抓住消费者和客户，更重要的是获得了定价资格。

对于我们每个人来说，笔者认为这个世界上没有成功的秘诀，也没有必胜的法则。猫有猫道，狗有狗道，踏踏实实地走自己的道路，不要左顾右盼，吃着碗里的，看着锅里的。世界上最悲惨的事就是猫走了狗道，而狗的道路被霸占了，被迫去走猫道。

走别人的道路，让别人无路可走。自己迷茫，别人痛苦，何苦呢？所以要清醒地认识自我，知道自己的优势和劣势，知己知彼。然后再给自己合适的定位，使自己扬长避短。将精力和目标聚焦在自己适合的领域，发挥自己所长，让自己强大起来。

另外，从动力方面来讲，名利只是才华的副产品。创业不等于出人头地、富裕显赫，创业是为了战胜自己，因为它可以超越内心的虚妄。君子有所为有所不为。永远不要忽略你内心的追求，只有这种正能量的“追求”才能支撑起独立进行思考的能力，才能支持我们进行创新。

> 不忘初心，方得始终。
>
> 如果你真的可以超越自己，即使不站在“风口”上，你照样可以做得很出色，创造出非凡的价值！所以，一头猪的出路不是去寻找风口，而是战胜自我，最终肋生双翅，使猪变凤凰。否则，风口过去之后，你会摔得很惨！
>
> 狼行千里吃肉，
> 马行千里吃草。
> 活鱼逆流而上，
> 死鱼随波逐流。

时代正在经历临界点，当下就是一道分水岭。今后我们可以走多远，外界因素的影响将变得越来越小，自身因素的影响会越来越大。

笔者依然坚信这是一个最好的时代，它如此纯洁，纯洁到我们只需做好我们自己就可以了。只要可以创造价值，我们就有存在的价值。

第二节　供应链逆袭

任督二脉属于人的奇经八脉。任脉主血，督脉主气。任督通则百脉通。人的生命如果需要重生，最好的办法就是逆向打通任督二脉！中国经济亦是如此。

理解中国经济是如何实现逆袭的，需要从供应链的逆转开始。

供应链是指商品到达消费者手中之前各个环节的衔接关系，传统的供应链从研发生产开始，到原材料采购，制成中间产品，再到产品，然后再由销售渠道把产品送到消费者手中。先后包括了供应商、制造商、分销商、零售商，直到消费者，共同连成了一个链状结构。

所谓的经济关系，其实就是供应链的关系。我们可以把供应链描绘成一棵大树：供应商是土壤，制造商是树根，分销商是主干，零售商是树枝，消费者是花朵，结出来的果实就是利润。

传统供应链上各企业之间的关系与生物学中的食物链类似。在“草—兔子—狼—狮子”这样一个简单的食物链中（为便于论述，假设在这一自然环境中只生存这四种生物），如果我们把兔子全部杀掉，那么草就会疯长起来，狼也会因兔子的灭绝而饿死，连最厉害的狮子也会因狼的死亡而慢慢饿死。可见，食物链中的每一种生物之间是相互依存的，破坏食物链中的任何一种生物，势必导致这条食物链失去平衡，最终破坏人类赖以生存的生态环境。

传统供应链涉及的问题包括生产成本控制、物流管理成本、担保成本、现金流周转时间、仓储管理成本、订货情况、售后满意度，等等，所以这种供应链体现着整合与协调的思想，它要求企业协同运作，共同应对外部市场复杂多变的形势，每个企业都应该从整体、协调和平衡的视角来思考问题。

1. 传统供应链

曾经，关于传统供应链管理的问题非常盛行，它给管理者提出的最大难题就是："我该如何掌控这条看不见但又确实存在的供应关系呢？"

但是时代变化太快了，在这个问题还没有被彻底解决之前，传统供应链已经被颠覆了，一切传统的问题都已经成为过去，现在人们考虑的已经不是如何管理供应链，而是如何组建崭新的供应链。

面对互联网带来的变革，传统供应链的缺陷越来越凸显。主要体现在冗繁的供应链会让运作效率层层衰减，制造商需要先将产品卖给分销商，分销商卖给零售商，最后再卖给消费者。在这样漫长的过程中不仅产生了利润盘剥、库存压货，还产生了资金周转等各种问题。而且"船长难掉头"，在越来越突变、微妙的市场变化面前，传统供应链应变能力非常差，显得很笨拙。

2. 互联网时代新供应链

互联网时代正在构建新供应链，这条供应链是怎样的呢？

我们先来看看服装行业。像七匹狼、柒牌、李宁等这些传统企业，在传统企业的辉煌年代营业额可以达到几十亿元，它们的优势就体现在传统供应链上面。比如，它们的供应商很齐全，生产线一开就是上万条，然后渠道也很强大，产品生产出来之后通过分销商向零售商去铺货，再依靠在央视上的广告效应，可以迅速占领全国市场，这就是那个年代的优势。

在那个年代，如果我们看见谁穿了一件漂亮的某品牌衣服，会问你在哪儿买的，我也去买一件。而今天呢，走在繁华的街市，很难找到两三个打扮相同的人，人们的穿着打扮更加追求时尚、彰显个性化。也就是说，消费者的需求已经变了，如今是个性化需求的时代。

在互联网时代，人们的需求越来越个性化和多元化，品牌和款式趋于更多、更新、更快、性价比更高。而很多电商品牌却越来越契合了这种需求。比如，电商品牌“韩都衣舍”在全国共有 200 余家供应商，因为现在有很多小的加工企业，100 件起就可以接单。所以这相当于它在全国拥有 200 多条生产加工线，一个公司就有 200 万个 SPU（Stardard Product Unit，标准化产品单元）同时在线，这种应变和反应能力非常强大。因此供应链正由“下订单、流水线、计划性生产”向“拿订单、多款、分批次生产”转变。

在个性化的需求下，即使是一件单品，传统企业一开工仍然是 10 万件。但是很多电商品牌，却可以将一件单品从 100 件起做。如果这件单品不适合消费者的口味，电商品牌的损失是 100 件，而传统品牌的损失就是 10 万件。

所以在传统服装行业，由于传统供应链各个环节之间缺乏实时对接，导致产品信息不能及时反馈，很容易造成热销产品的库存不足、滞销产品的库存积压等问题。而电商品牌的“互联网供应链”是“逆行倒施”的，也就是说，先由消费者在平台上表达自己的需求，再由平台下订单给制造商，制造商组织供应商去生产制造，这样生产的产品很容易被大家所接受，然后再由物流快递将产品送到消费者手里，消费者可以再通过平台反馈自己的意见。这种供应链是扁平的、互动的、可循环的。

“互联网供应链”是一种动态的、扁平化、网络化的组织结构，松散灵活，具有高度适应性，能够弥补传统组织个性的不足。它的每个环节信息透明、环环相扣，可以保证较高的售罄率，能对顾客需求变化随时做出反应。

所以像七匹狼、柒牌、李宁这种传统品牌现在的业绩下滑得非常厉害，甚至连年亏损。它们遇到的问题已经不是如何管理供应链的问题，而是必须用归零的心态，顺应时代大势，依托自己的品牌效益和互联网这个工具，组建自己崭新的供应链，从头再来。

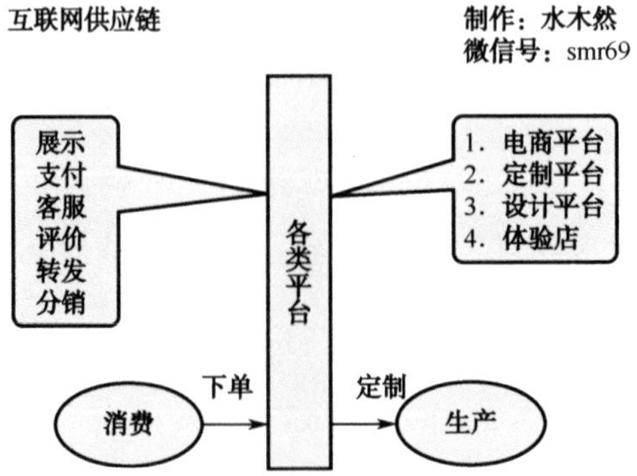

当传统服装行业销售业绩都在下滑的时候，很多电商品牌却在逆

势增长，这正是得益于互联网供应链的与时俱进。另外，像西班牙的ZARA和瑞典的H&M这样的快时尚品牌，也归功于它们供应链的“逆行倒施”和“快速响应”。

ZARA的核心是店铺，因为只有店铺才能了解顾客的真实需求。因此店铺提供销售数据，再将其快递给店面经理，店面经理整理完毕后将结果交给设计部门，设计部分按照顾客需求设计出款式，再将其快递给商业部门去评估成本和价格，之后开始打板，制作样衣，再移交给工厂生产，最后存放于ZARA超级大的物流仓库（是亚马逊的9倍），仓库门口都会有无数的货车每天两次将产品运输到欧洲其他地区或者机场。在这个流程中，单就设计而言，平均20分钟设计出一件衣服，每年可以设计出25 000件以上的新款。因为顾客对于时尚的需求是变化的，从店铺收集的资料是具有时效性的，因此，快才是这一模式最根本的也是最重要的制胜法宝。

所以，纵然ZARA属于传统服装产业，但是能够解决好大规模生产和定制的企业，一定会是未来最具竞争力的企业。所以你是不是互联网企业不是根本，最本质的问题是你有没有解决商业本质的能力，互联网或许只是你解决问题的一个工具，你可以选用，也可以选择不用。

当然，不可否认的是互联网确实是改良传统模式的最好工具。

既然互联网供应链采用的是先“消费”后“生产”，那么产品的试销也是很好的手段，你可以选择在电商平台进行试销，如果试销得到的反馈是非常成功的，那么，产品返回，开始承做大批量的生产。通过消费反馈我们可以精准地推算出市场需求量有多大，然后再给你的下游供应链下订单。而这个时候你基本上没花什么费用，这就是所谓的“轻资产”模式。谁都不必先把资金压在某个环节，当产品进入到周期性运作之后，再去做运营规划，进入常态化，于是一个新品牌就诞生了。

3. 电子商务的本质

电子商务的根本是什么？就是定制和外包。消费者主导供应链的时代来了。未来是以消费者的需求为主导的定制化生产时代，链条的起点是消费者发起需求，由此形成定制，然后经历层层外包、分解性生产，最后再由物流快递将产品送到消费者手中。

从大订单模式走向小订单生产，是未来企业出奇制胜的关键。在以小商品起家的浙江义乌，不少企业的思维还停留在传统模式上，比如一款产品，在义乌最少需预订三四千个，而在广州和东莞 120 个就可以下单，这与“量少、面小、价高”的电商模式有明显反差。

某采购经理说：“以前我们至少一天一趟去义乌市场采购，公司大概有95%的货物从市场采购，而现在，我已经有大半年没去过小商品市场了，公司也只有 20％的货物从市场采购。目前公司 60%～70%的货物直接通过网络采购，分别来自于不同的地方。”他认为在目前的物流和电商条件下，义乌小商品市场的大批量采购已经毫无优势可言。

义乌要想保持全国小商品市场的领先地位，必须先通过线上消费者的点击、收藏、购物车等测试数据对消费偏好进行动态监测。这些数据实时传递给商品运营中心，反馈到生产工厂，工厂就可以根据销售和库存情况，进行物料和产能准备；然后把订单规模变小，不断开发出新品，小批量试产，当出现热销款、爆款的时候，车间快速翻单，多频次小批量补货，保持可以快速响应市场的能力。

4. 零售模式

在互联网供应链下，零售模式也将迎来翻天覆地的变化。

传统零售模式比较复杂，包括直营、加盟和线上，属于混合渠道。要彻底解决零售模式的问题，必须做到三店合一、同款同价，要破除层层批发和不同渠道不同价的问题。

未来零售模式应该是制造商根据消费者的需求，通过协调供应商把产品生产出来，统一制定好零售价格，价格必须做到全国统一、线上和线下统一，然后商品通过各种渠道卖给消费者以后，再根据供应链上的各个环节的关系分摊成本、分配利润。

5. 从创意到产品

在传统的供应链中，我们每一个人都很难以个体的身份参与进去，而在互联网时代的供应链中将会给我们带来新机会，我们完全可以融入其中，这必将引起一场个性和兴趣的解放，甚至个人价值的实现。

以产品设计师为例，“假设你有一个产品设计方面的创意，你很兴奋地把新设计绘制出来，这之后你该怎么做呢？是把你的产品设计图片在微信朋友圈分享，还是把自己设计的作品制作成各种样品，让朋友们着实惊叹一下？但你懂得如何生产吗？你有得心应手的设备吗？就算你真的做出了产品，那之后呢？你如何把产品外包给生产商进行销售？你的销售渠道又如何呢？”

随着互联网、移动电商的发展，出现了越来越多在线设计社区或创意商城。设计师或者创意者们在这里注册、交流、讨论，形成聚集群，把自己的作品图片放上个人主页。最重要的是，消费者看到喜欢的作品可以直接下单。

这样就把创意和线下生产直接连接在一起。一方面，无论是对设计师还是消费者，这都是很具吸引力的事情。对于一些还未打开市场的设计师来说，能够迅速定位到消费人群，用较低的成本把自己的设计理念变成产品传播出去，获取收益，而不用担心生产、物流等一系列的“麻烦事”。比如，消费者每购买一件某种图案的 T 恤，该图案的设计师就可以获得 10%的收入分成，间接实现了设计师创意的商业化价值。

另一方面，对消费者来说，相比于淘宝店、天猫店，这种创意社区有更多的选择——各种类别、定期更新的图案设计方案构成的内容吸引力不可小觑。像给朋友发微信红包一样，现在你可以发送一张时尚品牌的礼品链接给朋友，比如，送一件衣服，接受者点击礼品链接进入定制页面，自己输入身材的尺寸，也可以选择上门量尺寸的服务。很简单的操作过后，就可以等待定制的服装送上门了。

这就是以定制为内核的时尚品牌，它将随着 95 后的热捧逐渐成为主力且在同类产品中更具竞争力。而同时如果消费者真的很喜欢，还可以点击一键分享，发到自己的微信、微博、QQ 空间，等等，吸引更多的朋友购买，分享之后产生的购买该消费者应该拿到相应的分成，这也是移动电商的未来。

6. 新零售

未来零售模式将摒弃传统的直营、加盟和线上模式，不光是制造商根据消费者的需求，还要通过协调供应商把产品生产出来，统一制定好零售价格（价格必须做到全国统一、线上和线下统一），然后商品通过各种渠道卖给消费者以后，再根据供应链上的各个环节的关系分摊成本、分配利润。

7. 网红经济

下面我们再来看看一个新经济业态：网红经济。

传统生意确实越来越难做。生产的产品无论好与差，实在是太多了，有的甚至达到泛滥的地步，要想把好产品销售出去，真的很困难。更何况一个产品如果创出了知名度，就会有冒牌出现。

但是，网红经济为什么会那么火呢？这是因为崭新的“消费关系”正在形成一个三方关系，即生产商、流通商与消费商。

- 生产商是指经营生产环节，以生产产品为核心，比如工厂。
- 流通商是指经营产品的流通环节，以渠道为核心，比如快递公司。

- 消费商是指经营消费者的环节，以引导消费者购买为核心，比如自媒体、网络大V、明星、网络红人、模特。

网红就是这样诞生的，它取代的其实就是传统经销商。

现在，每一个生产商都在想着一件事：如何拥有并锁定消费者？经济活动的重心已进入消费者这一端，能够拥有并锁定消费者，成了最关键的事。

这方面以前是依靠传统经销商，他们虽然曾主导和经营市场，但也需要大量资金去拿货。而如今这种方式已经被淘汰。那些在网络上拥有大量“粉丝”的人，只需把使用产品的效果分享给更多的人，就可以影响和带动消费。甚至做得再大一点，可以联合“粉丝”向厂家定制产品。

他们成了锁定消费者的一种渠道。

归根结底，还是因为消费者的主动权变大了。

8. 定制产品

除了网红之外，今后即使是一个普通人，也可以开发属于自己的产品。这乍听起来是那么不可思议。的确，在传统的商业模式下，我们很难变成一个“生产者”，而未来我们每个人都将拥有这种机会。

以鞋子生产为例，消费者通过某定制平台提出自己的个性化要求，如材质、颜色、图案、特殊标志等，10个工作日后，就可以收到个性化定制的鞋子了，且可以通过互联网全程参与商品的生产过程，了解所定制的产品在生产线上的进度和情况，随时提出评价和改进意见，真正实现“我的产品我做主”的体验模式。

这就是从创意到产品的过程，互联网帮我们解决了信息和渠道的问题。

归根结底，传统的供应链是推动式的，由后面的环节推动前面的环节。而互联网供应链是提拉式的，需要依靠消费者的需求来拎起整个产业链。

这也就是我们所说的，以前靠“投资”推动经济增长，而以后需要靠“消费”拉动经济增长，其本质是变经济由“外力驱动”为“内力驱动”。

对于企业来说，以前思考的问题是“做我能做的”，今后思考的问题是“给客户想要的”。如今，这种“逆向”的互联网供应链已经彻底进入我们的生活，依托移动互联网的发展，供应链上的客户关系管理都迁移到了手机，订单再也不受时间和场所局限，随时随地可以通过手机进行，有效提高了管理效率。比如，打车、叫外卖、洗衣服、做美甲、预订酒店、订车票和机票，等等，都是先由消费者通过平台下单，再由平台做出响应，最后由“生产商”（广义上的）来向我们提供服务。

所以，这场供应链的“逆袭”，正在改写商业规则。就好比逆向打通了中国经济的任督二脉，将唤醒中国进入下一个春天。

第三节　危机中的希望

中国经济 2015 年 GDP 增长量为 6.9%，2016 年的目标为 6.5%，创下 25 年以来最低。当所有人都在为经济的萧条而感叹时，笔者却分明看到了黎明的曙光。

我们不能再用传统思维来看中国了，一定要结合新旧气象一起来分析中国。中国正在走一条前无古人的路，所有传统的经济理论根本不适用于中国。

中国不是在停滞，而是在净化。中国正在淘汰那些依靠特权、资源、一时机遇并且思维还在僵化的人。GDP 创下新低，就好比一个新生儿即将呱呱落地，此时妈妈正在咬着牙挺过最后的疼痛。不要着急，这只是一场产前阵痛。

> 这是一个伟大的时代，一切在洗牌，一切都在觉醒！
> 波谷之后必定是迈向新的波峰！

21 世纪的革命不是从政治开始，而是从经济开始的，而且必定是从互联网开始的，因为互联网代表了先进的生产力。

互联网这股革命浪潮发源于美国，中国的互联网本来只是跟风和模仿，但是由于中国的人口基数、现状以及中国人的聪慧，逐渐由“跟随”美国变成了“超越”美国。而此时的欧洲和日本，已经彻底在这股浪潮里沉溺。

这股互联网浪潮将深刻、彻底、真正地再造中国社会。与改革开放相比，以往的社会驱动力来自权力、魄力、资源，而今天的创业浪潮更是来自于创新的驱动。

中国自改革开放以来，先后经历了三波商业革命。

> 第一波是释放人口红利。制造业把廉价劳动力发挥到极致，中国成为“世界工厂”。
>
> 第二波是释放市场红利。当大家吃饱穿暖之后，就需要消费。买和卖成了最重要的事情，买卖需要信息，所以百度诞生了；买卖需要沟通，所以腾讯诞生了；买卖需要平台，所以阿里诞生了。
>
> 第三波是释放个人红利。

前面两波都是你在牺牲自己为别人服务，而这一波机会你需要发掘自己。你将有机会发现你自己的价值所在。

今后的商业绝不同于以往。它最大的进步意义就在于将你的个人价值和存在价值统一起来。这一点需要反复强调：互联网释放了我们的个性，催生了大量自由职业者，无数平台的崛起，使你有机会参与创造和价值输出。你越有能力、越有特点、越有特长，就越不需要依附谁。

今后每一个人都是独立的经济体，个人的创造力得到了极大的释放。相反，那些资质平平的泛泛之辈，或者始终找不到定位的人，可能只能依附于组织的安排、别人的指使才能生存。

当然，以上不是朝夕就可以实现的，虽然互联网正在推动我们朝这个方向前进，但我们依然还处于两种状态的交叉口，此时社会经济增速放慢，百废待兴、万籁俱寂，但这也是最好的时机。因为任何一个行业，你都有可能彻底改变它。

这也是个磨合期，中国经济增速会放缓，恰恰也是传统文化复兴的最好时期。比如，过去中国人不爱看书，现在生意不好做了，你去书店看看，很多老板开始学习了，图书市场反而翘头了。

过去我们只顾埋头赚钱，中国有一种统一的价值观：无论你通过什么手段，钱赚得越多越好。现在逻辑反过来了：你获得的收入跟你创造的价值成正比，你想赚更多钱吗？那么大胆地去创造吧，就看你究竟有多少创造力和创新精神，你的兴趣、你的才华、你的理想都将成为你的资本。所以，虽然说找回信仰的依然是利益，但其间我们会反观我们的兴趣、价值观和理想。

做生意的年代过去了，做事业的年代到来了。做生意的基本逻辑是千方百计寻找差价，做事业的基本逻辑是在创造社会价值的同时实现个人价值。

在美国有很多社团，很多美国人都归属于众多社团。而中国人过去从来没有根据兴趣、爱好和价值观聚合过，但是现在不同了，通过移动互联网、微信、QQ 等通信工具，大家经常可以聚会、寻找志同道合者，移动互联网帮我们组建了兴趣组织，我们的生活正在向多元化绽放。

此时的社会结构正在变得扁平、柔软、有温度、有情感。过去我们说：要把公司做大做强。比如传统企业的终极目的是做到海量生产、海量用户。而今后这将不再是公司的普世价值观。

因为将有无数个精致、灵活、多样的微型公司诞生，它们可能是某个你甚至没有听说过的细分领域，也可能是某个兴趣组织，还有可能只是随时聚散的团队。

比如，只要拥有10万的粉丝和用户，就可以创建一个年产值大约300万元的小公司。移动互联网会把人的贪婪彻底打碎，而且必须把生产资料拿出来与大家共享。只有这样商业活力才能被激发。

由于这种方式实现了按需定制、按兴趣组队、按人群服务、小批量制作、不断迭代，所以也不存在产能过剩，因为现在产能过剩的本质不是产品太多了卖不完，而是真正能满足消费者需求的产品太少了。

用多样化的产品去对接多元化的需求，在大工业年代是不可能的，只有互联网才可以将这种触点式的需求和服务一一对接。

即便在互联网形成了垄断，360挑战QQ还是成功了，陌陌阻挡微信也成功了，在腾讯面前，YY（欢聚时代旗下的一款通信软件）同样可以独善其身。阿里巴巴的淘宝和天猫规模很大，但京东、聚美、唯品会等各自有各自的优势，包括后来的各种移动购物商城，数不胜数。而且平台之外还会不断衍生平台，比如蘑菇街、美丽说，等等。

这叫拳头挡不住细沙，细沙遮不住流水。

未来的中国，创造力更能代表你的能力，而不懂创业才是最大的文盲。这里所说的创业，绝不是很多人传统意义上理解的破釜沉舟，砸锅卖铁、变卖家产去创业。而实际上创业早已不需要个人举债，或花父母的钱，它正在变成一场可进可退的游戏。

创业在中国将会越来越标准化，从天使投资到 A 轮、B 轮如何一步步往下走，都是社会资本在助你成功。你拿出创意和思路，找到认可你、投资你的人，然后组建团队一起集思广益，各取所需，成与败就像在实验室做了一次试验一样简单，你输得起，更赢得起。

中世纪的欧洲，基督教会在地窖里藏了许多珠宝，这些财富一直没有进入社会流通，所以当时整个欧洲都是“板结”的。但是文艺复兴和工业革命之后，地窖里的财富变成了流动资本，整个欧洲瞬时迸发了活力。资本流入创业的年轻人口袋里，也就是流入了未来。

互联网确实能将人的才能发挥得淋漓尽致，很容易制造财富神话。但是在互联网时代，财富往往是按估值或者市值计算的，这些财富并不是实实在在的货币。所以，财富最合理的状态是拥有支配资源的能力!

为什么我们看到很多富商都去做投资？因为财富对于他们来说就是一堆数字而已。他们需要的是做能让他们有成就感的事，所以他们的生活方式并没有因为自己的财富而有太大变化，反而他们会热衷于投资各类有才华的人和项目，其实这也是在寻找一种平衡感，希望多扶植几个更加长久的人才和项目，这才是永久的财富和依靠。

所以，如果社会财富向你身上聚集，就说明你是一个巨大的财富节点，意味着从你这里可以创造更多的社会价值。互联网时代的财富本质就是掌控资源的多少，掌控资源的本质就是分配资源，其实也是一种大我的境界，你必须学会分享机会和财富。

CHAPTER 4

第四章

个体崛起

互联网时代的企业，遵守的应该是“长板原理”，即当你把桶倾斜时，你会发现一只桶能装的水量决定了你的长板（核心竞争力）。如今提倡大众创业，公司成立的门槛越来越低。你只需要有一块足够长的长板，再配合一个管理者，就可以有立足之地。

第一节 “公司”消失

5 年前，我们身边的朋友，不是在这家公司上班，就是在那家公司上班。而如今，已经有越来越多的朋友，不是依托这家平台，就是依托那家平台拓展新业务。

比如，很多出租车司机已经脱离了出租车公司，开始依靠滴滴、优步等互联网平台接单，成为一名自由职业者。他们不仅不再需要缴纳“份子钱”，还可以自由支配时间。

而今后，社会上的自由职业者将会越来越多，放眼四望，自媒体运营者依托的是微信，网店店主依托的是淘宝，做快餐送外卖依托的是美团，千万直销大军们依托的是一个框架制度，女主播依赖的是一个个直播平台，等等，各类自由职业，使得从业者们已经不需要朝九晚五挤公交、乘地铁去上班，也没有任何人再能束缚他们。

这才是真正的解放。公司在消失，个人在解放。这就是一场商业组织架构的摧毁重建，它改变的不仅是商业秩序，更是各种社会规则，每个人都将被卷入其中！

我们先看一下传统商业的基本组成单位——公司，它是如何形成的？

很多人以为“公司”应该是西方人的发明，实际上“公司”一词是中国土生土长的，最早出自孔子的《列词传》：“公者，数人之财，司者，运转之意。”后来庄子说：“积弊而为高，合小而为大，合并而为公之道，是谓‘公司’。”其实就是指聚多人之财、共同运作之意。不过“公司”这个组织却是由西方发扬光大的。在西方近代“公司”诞生之前，全世界的人做生意的模式都差不多，比如，你也可以把梁山一百零八位好汉看成一家以“打家劫舍”为模式、以“替天行道”为愿景的公司。一旦这些人取得了合法地位，深山就成了公司，仅此而已。

比如，在古罗马时期，很多宗教团体、养老院等公益慈善团体相继取得了法人的地位。到了中世纪，很多以侵略和殖民为模式的团伙也取得了法人的资格，可以光明正大地从事海外殖民和贸易。所以在“公司”面前，没有绝对的公平和正义，盈利和扩张是最终目的。这方面英国是先驱，1555 年英国女皇特许与俄国公司进行贸易，产生了第一个现代意义上的股份有限公司。而大家也一定要记住那个向中国大量输入鸦片的英国东印度公司，它也是最早的股份有限公司之一。

到了 19 世纪中期，“公司”已经成为资本主义社会的基本单位，大量“公司”构成了资本主义国家的经济主体。直到 21 世纪的今天，“公司+雇员”这一基本结构的模式，仍然是全世界经济的基石，包括中国。

“公司”为什么可以成为工业时代的主导力量呢？因为在前三次工业革命中，科技进步的意义一直都是为了完善和发展“海量、单品”的经济形式，这时的市场需求经常可以整齐划一，在某个特定阶段全世界都需要某种产品，而且产品也是标准化的。公司只需把雇员团结起来生产某一种产品即可，比如，鸦片、石油、武器、日用品、手机，等等。

公司员工也不需要强调个体差异，只要行为和目标一致即可。在利润和市场的共同促进下，某一家公司很容易持续走向极大化。比如，在 1929 年资产达 10 亿美元以上的美国巨型企业已有约 65 家，到 1988 年这一数字增至了约 466 家。

即使我们最熟悉的公司也不过只有约 200 年的历史，但是它们的金字塔、分层制的结构，早已扩散和影响到了社会所有组织里，比如很多组织提倡的“公司化”，就是一场商业化运动。公司也早已成了传统商业的基本组成单位。但是，如今情况正在改变，一系列的变化正在我们眼前发生……

所有的变化都是顺应了人的需求的。仔细想想我们自己，我们的需求发生了哪些变化？

“我”已经越来越厌倦步调一致，越来越不喜欢标准化的产品，越来越不想顺应传统观念，越来越喜欢按照自己的想法行事。我有兴趣、我有爱好、我有想法，我只想做一个真正的自己。

是的，这些在大工业时代是不可能实现的，因为过于关注自我，生产效率低下，大家的兴趣和特长只能互相抵消，人性的贪婪和慵懒都会被无限释放。

除非能有一种大平台，它可以温柔、精确、高效地将我们每个人的潜能激发并对接起来，以大数据为手段、以各取所需为驱动、以自我实现为效率、以荣辱与共为机制，这就可以无限接近我们的需求了。

还是那句话：互联网是唯一可以改变这个世界的力量。互联网以大数据、云计算为基础，努力实现“多个服务个体”对接“多种个性化需求”，就是这种变革的基本原理。

这样的平台正在接二连三地出现。淘宝、滴滴、猪八戒、Uber、Airbnb，等等，都属于这种平台。还有 7 天酒店的放羊式管理、海尔的创客工厂、韩都衣舍的买手制、淘宝的淘工厂，等等。苹果的 App Store 也属于这种性质的平台，App Store 里海量的移动 App，均由第三方的创意者设计，用户可以付费或者免费下载，它把创意者的作品和用户的需求进行充分的对接。

通过平台组织了一股“无组织的力量”，通过兴趣、特长、资源，在平台上展开分享合作，在实现了人们日益碎片化需求的同时，还帮助我们自己获得了经济效益。这种平台看似有组织、无纪律，但却可以随时产生聚变与裂变效应，发挥巨大效能。

所以，原来社会里的财富都是由“传统公司”创造出来的，而在互联网时代，只需要有足够的平台把大家对接起来，让我们每个人一边创造一边享用即可。

在这个时候，你就会发现一个现实的问题：那些“传统公司”还有存在价值吗？不错，互联网正在进行一场毁灭“传统公司”的大革命！这场大变革就在我们眼前进行。

“传统公司”在互联网平台面前，注定是个悲剧。它们不仅是“低效率”的代名词，还代表着传统旧势力，是革命的对象，因为传统企业很多时候是依靠资源、关系、模仿起家的，从价值创造的角度来说，它们的作用越来越小。在“传统公司”里，每个员工只能参与价值链上的一个小环节，很难直接感知到自己到底创造了什么价值，这让我们始终感觉自己只是一颗小小的螺丝钉，有些微不足道。而且“传统企业”又长又慢的流程让每个人都要花费相当多的精力去配合其他部门，生产效能和劳动价值被互相抵消。

而互联网的跨界性、平台性，却可以很好地解决这些问题。这也是为什么越来越多的“传统公司”在濒临倒闭或者重新整改以适应互联网时代对公司架构的需求。这不仅是经济危机的原因，更是因为落后的生产关系已经不再适应崭新的生产力了。

整个社会的组织结构在变化。原来是狭长的“公司+雇员”结构，现在变成了扁平的“平台+创客”结构。个体将被解脱，人性将被解放，新的社会文明正以此为契机开始形成。

我们生活的这个世界，正在由硬变软。何为硬？大工业时代即是硬，我们硬性地制定和形成各种条条框框的制度和组织，形成一种合力，然后人们需要在规定的时间做规定的事情，完成规定的目标，所以人是要服从组织的。何为软？新信息时代就是软，未来我们只需要利用特长和爱好，做喜欢做的事，顺带为这个世界创造价值，时间自由、空间自由、事业自由。

传统组织之所以存在，是因为信息传递、物理交互总受空间限制，必须把人聚集在一起才能形成合力。但是当下互联网构建的平台，不仅完全可以具备这种功能，而且还可以构建更加公平的利益分配体系，我们只需利用好互联网这个工具，效率必然大幅提升。世界正在变得越来越平、越来越柔顺，当然也是柔中带刚。

当很多人还沉溺在“找生意做”的传统模式时，一个非常残酷的事实是，今后已经没有“生意”可做。要么你提供一个平台，要么你做回自己，用你的专长满足别人的需求，同时实现自己的价值。

过去受限于市场规模而不能成立的很多特色小生意，现在在平台上就可以找到自己的客户；过去受限于信息成本而不能得到满足的那些个性化需求，现在在平台上也可以找到卖家。

在马斯洛的需求原理模型里，人的最高需求是“自我实现”。按照这种逻辑，在他所处的年代里，只有1%的成功人士才可以做到这一步。但是在互联网日益发达的今天，每个人都可以抵达这层境界。

当你到平台上的任务中心完成一项任务时，其实你已经是这条革命道路上的先行者了。很多人会这样说，这种平台不也是公司吗？阿里巴巴、腾讯、百度这些互联网平台还是公司啊，区别在哪里呢？

严格地说，它们称为“平台型公司”，它们与“传统公司”最大的区别在于：无边界性、包容性、共赢。“传统公司”无论做多大，赚的钱都属于股东或者员工，最多是股票持有者；而“平台型公司”除了自身可以有很高的市值之外，更多的是帮助我们每一个人实现自己的价值。“平台+创客”模式代表了先进的生产力，它在毁灭的时候也在创造。比如，电子商务消灭的只是一些利用信息不对称而生存的中间服务商，同时却又催生了大量新兴的拥有核心能力的中间服务商，如快递公司、客服团队、营销和设计人员，等等。平台在这一体系中扮演了基础服务商、资源调度者的角色，需要构建信用体系、客服体系、支付体系、评价体系，以及和工厂对接的体系，等等。

公司消失，平台永生。从商业角度来讲，这是一场互联网引发的商业革命，而从人文角度来讲，我们每个人都将迎来自身发展史上的黄金时代。因为我们的兴趣和潜能得到释放，并且可以在平台上“兑现”，再也不用为了生活把自己赌给一个“公司”。

公司诚可贵，
平台价更高。
若为自由故，
二者皆可抛。

自由才是人类未来文明的基石。人类所有的努力都是为了换回自由，我们正在朝这个方向努力。

过去人们为了追求利益，以“公司”为名义筑成篱笆，如今这些篱笆正在被拆除。基于平台之上的小众兴趣、小众价值观、小众梦想、小众爱好都能被成全，这种百花齐放、百家争鸣的模式，是实现经济大繁荣的基础。

曾几何时，学好数理化，不如有个好爸爸。而现在是有再好的爸爸，都不如自己有文化。互联网正在以一种剑走偏锋的革命方式，彻底摧毁一切传统模式和规则，未来你要想有存在价值，自己必须首先可以创造价值。人人都有特殊的知识储备，人人都是某个领域的专家，这才能让我们生活得更加体面，而且只有把每个人的经验、知识与数据和信息结合起来，才具备创造性。因此，传统社会的等级和阶层将被一点点割裂，整个社会也将从金字塔型结构向扁平化转变，社会矛盾也会大大降低。

从生产与消费来看，“平台+创客”是典型的多边市场，在这个市场上消费者和生产者不是对立的，而是互相转化的。每一个人在服务别人的同时，也被别人服务，不断地发生各种创造和被满足，生生不息。

今后将有无数个体创业者、经营者兴起。人们的定位从价值链上的分工者转向单一的创造者。以前我们为了生存，总是在迎合市场、依附公司、附和组织，而现在我们终于可以做一回自己！

《世界是平的》提到这样的一个观点：“全球化 1.0 的动力是国家，全球化 2.0 的动力是公司，全球化 3.0 的动力就是个人。”这使得现在的经济学家必须将研究重点从企业与企业、企业与政府的关系，转移到人与人之间的关系上来。另外，那些所谓的经典经济学说和理论也正在逐渐失效。随着新社会组织结构的变迁，我们的经济规律、法律制度、价值观和行为也将由此处拐弯。

> 全球化 3.0 的时代，也是个人觉醒的时代。当每个人都意识到他们可以过上一种更加理想生活的时候，革命就爆发了。这是一场正能量的革命，所有的摧毁都是温和的，所有的人都有机会参与其中。我们必须居安思危、大胆求证、勇于实践。

21 世纪的革命，不是从政治开始，而是从经济开始，并且一定是互联网触发的。随风潜入夜，润物细无声，没有流血牺牲，却百花齐放，和而不同，这才是真正的革命。

第二节　新知识分子

在中国历史上，有一个朝代非常不尊重有文化的人，那就是被蒙古人统治的元朝。

元朝统治中国以后，把人划分为十等：一官，二吏，三僧，四道，五医，六工，七匠，八娼，九儒，十丐。儒就是文化人，其社会地位仅排在第九位。位于娼妓之下、乞丐之上。

新中国建国之后进行社会主义改造，知识分子也成为被改造的对象。原本在民国时期非常有地位的知识分子，被排在了“地主、富农、反革命、坏人、右派、叛徒、特务、走资派”之后的第九位。这就是“臭老九”的来历。

到了改革开放之后，中国又迅速切换到了“重商主义”的状态，在“发展才是硬道理”的指导之下，由于中国经济基础薄弱，结构不完善，使得经济一旦发展起来必然进入野蛮生长状态。当时对于每一个人来说，胆识和运气确实比文化更重要，再高的文化也不如胆子大。

所以那些大胆下海的生意人成了时代的弄潮儿。“造原子弹的不如卖茶叶蛋”的说法就是这时产生的。而社会也把光环给了他们，身为一个 80 后，我记得小时候读书时，同学们的理想大多数是成为一名科学家，长大之后，我们的理想被逐渐修正成为一名企业家。

直到现在，只要一提到某某读过很多书，比较有文化，我们总是报以鄙夷的眼光，甚至嗅到了一股穷酸味。笑贫不笑娼的民族劣根性被演绎得淋漓尽致。

要知道，中国自隋唐实行科举制度以来，选拔人才和官吏都是要凭真才实学的。如众所周知的北宋名相王安石、明代名相张居正、清代名相刘墉，等等。这些官吏，都写得一手好文章，如王安石的《答司马谏议书》、张居正的《张太岳集》、刘墉的代表作《石庵诗集》。我们读书时背诵过的很多经典文章，都是出自他们笔下，比如，脍炙人口的范仲淹的《岳阳楼记》、欧阳修的《醉翁亭记》，等等。如果没有足够的知识储备，肯定写不出如此恢宏大气的文章。所以古代做官的人都是非常有文化底蕴的人。

如今中国传统社会秩序和商业结构，已经被冲击得七零八落。经济结构的升级和深化改革，使中国正在发生翻天覆地的变化。尤其是互联网带来的“去中心化”和“链接”效应，使中国的重生迫切需要一批真正有文化、懂创新又有正能量的新知识阶层充当社会的中流砥柱。

所谓无破则不立，旧的不去新的不来，未来社会的财富，一定是“新知识阶层”创造的。那么新知识分子需要具备哪些基本能力呢？

1. 知识

中国传统社会一直很浮躁，大家各自忙着赚钱。然而富人不需要知识也可以赚钱，穷人只有知识也赚不到钱，所以大家都不爱学习，“知识无用论”就是这样诞生的。

如今经济开始下行，传统生意很难赚到钱，这个时候人们才开始沉淀自己，忽然发现自己需要学习知识充电了。所以随着新时代的来临，整个社会将重新燃起对知识的渴望和崇拜，这将给知识型人才带来巨大机会。

于是各种阅读方式也诞生了，轻阅读、喂养式阅读、音频式阅读，等等。这也很好地验证了一个事实：市场已经愿意为有价值的知识和经验付出高额费用，这绝对是件值得中国人欢欣鼓舞的好事。

在中国历史上，文人墨客和士大夫一直都属于贵族和精英阶层。现在只要新知识分子大量诞生，中国的传统文化必将很快复兴。如今，越来越多的年轻人已从泛泛的物质生活中觉醒，从原来的“炫奢侈品”变成了现在的“晒书单”，并且充分利用业余时间来充实自我。

2. 创新

以前的社会是资本推动的，今后的社会是创新推动的。

在大工业时代，资本是最重要的生产要素。因为只要有资本去购买土地、建工厂，再雇佣大量流水作业的工人，就可以通过规模化生产来获得巨大利润，这就是资本主义的基本原理。自从工业革命之后，整个世界都在奉行这套发展逻辑。

所以，在这种大机器和大生产的年代，除了资本家之外，每个人基本上只充当一个螺丝钉的作用，我们只需掌握某个领域的知识即可，从事没有挑战的重复性劳动，这让人不禁联想起卓别林大师在《摩登时代》里塑造的生产线上的机械的装配工这一角色。这就是一种“专业化”，它成了人类社会的“信条”，这也是时代所需。不管是学校教育还是后来的职业发展，我们都在努力让自己变得越来越专业化，努力成为一个产业链中的“螺丝钉”。即便成为一名管理者，依然会按照既定的秩序去运作。所以社会上诞生了一批优秀的职业经理人，成为时代的精英。

以上两种人才统统只能称得上是“专业阶层”，而不是“新知识阶层”。因为“新知识阶层”必须更具想象力、突破性、创新型以及独立思考能力。

“新知识阶层”的重点不在“知识”，而在“创新”。新知识分子将扛起社会“创新”的大旗。过去大部分人才都只能称得上是“专业阶层”，他们用自己的专业知识为企业主服务，创造了巨大的价值，并获取了薪资性质的回报。然而，这个时代已经成为过去。依靠“专业”创造财富的人，将永远停留在传统年代，而依靠“创新”去创造财富的人，正在书写下一个辉煌的篇章。

3. 独立

新知识分子必须拥有独立的人格，否则只能成为各种利益集团、派系的代言人，而人格独立必须建立在经济独立的基础上。

大工业时代的管理理念是：人是懒惰的，人成为雇员后需要被严格管理，然后在固定的时间和固定的场所做重复劳动，以获取利润。

这套管理和组织方式现在已经行不通了，因为人只有在自主和自我驱动的状态下才能拥有最大的创造力，而互联网的诞生，又给了我们这种发挥主观能动性和创造性的机会。

正如笔者所言，企业正在消失、集体正在消失，那种在固定时间把人集中在固定场所的传统工作方式将逐渐被松散的协作方式所取代。

雇佣与协作最大的区别就是：劳动者也有机会参与利润的分配。因为在资本处于强势的时期，企业创造的利润必然大部分归资本方，然而当人才成为最关键的环节后，它的稀缺性将推动自己身价上涨，于是一部分利润也将从资本方转移到人才方，直到达到合理的平衡值。

因此，未来谁越具有创造力谁就越拥有自由性，即可以自由来选择什么时间工作、与谁一起工作、参与什么项目、在哪里工作，等等。

如今，硅谷的崛起使得过去传统的老牌全球500强企业黯然失色，世界的聚光灯迅速转移到了那些充满活力和激情的创新型公司，Goolge与苹果的成功大大提高了“工程师”和“设计师”的地位，也就是越具备自主性和创新性，创造的财富就越多。

所以，自由职业正在大量兴起，其中一部分精英就构成了中国的新知识分子。

4. 创造性

在以工业为依托的信息时代，高端服务业将慢慢成为最大的产业。如今，互联网的发展又为服务业提供了很好的支撑，帮助供需方解决信息不对称的问题，让独立的个体之间能够直接进行交易。社会变得越来越开放，整个世界慢慢变成一个大平台。每个人都是一个节点，当所有的“点”都可以被随时链接起来之后，比拼内容和服务的时代就将来临了。今后的社会价值是依靠那群能够产出高品质内容，或创造出有真正需求的创新者。

因此创造性人才的春天到来了。对于文化、教育、健康、娱乐、艺术、旅游等服务业来说，必将有大量的创新人才涌入，并且今后每个人都可以成为一个独立的服务提供商。

硅谷目前最火的明星公司 Airbnb 和 Uber，就让全球成百上千万的人拥有了第二份收入。在国内，除了类似的平台之外，还兴起了很多如运动健身、教育、私厨美食、美容美甲按摩、旅游服务、技能知识分享、时尚买手代购等平台，这使得大量相关技能的拥有者能够摆脱机构的束缚，直接为用户提供服务。比如，自媒体的发展，让很多有思想的人通过内容运营获得不错的收益。

我们已经跨入了一个知识和创造力的时代。人才，超越了土地和资本，成为这个时代最重要的生产要素。个人价值正在被彻底释放，未来最完美的工作就是利用兴趣创造社会价值。

今后的年轻人再也不需要拼家庭背景、拼人脉、拼财力了，而是可以完完全全通过自身实力和才华来获得个人成功，互联网时代给这个世界带来了“人人平等”的机会，同时也推进了人类社会的民主和进步。

所幸的是，我们赶上了这个最好的时代。

请记住这五大基本关键词：知识、创新、独立、个性、兴趣。这将成为下一个时代的精英必备。你会发现，这个时代最好的机会其实就是“发掘自我”。

第三节　长板原理

以前做人，总是越“宽”越好。

那时我们总是竭尽所能地弥补自己的短板。有很多人并没有特别明显的长处，却可以四平八稳地生活，这种人在社会上比比皆是。

今后做人，却是越“精”越好。

未来我们一定要充分发挥自己的长处。如果你依然是一个四平八稳、八面玲珑的人，很抱歉，你可能要遭遇各种困境了。传统年代太注重竞争了，这种竞争性让组织、个人都被孤立起来，然后形成自己的内循环，这就迫使我们必须完善自身的系统。很多人都知道“木桶定律”，即一只水桶能装多少水取决于它最短的那块木板，这也被称为“短板效应”。

映射到一个组织，成员的能力都是优劣不齐的，而劣势部分往往决定了整个组织的水平。映射到一个人，自身的性格和能力总是参差不齐的，而最弱势的部分往往决定了一个人的能力所在。这就提醒我们要不断发现自己的短处，并予以弥补。

但是互联网时代更注重协作，在信息高效对接的帮助之下，人与人的协作效率越来越高，而合作的成本也越来越低。此时无论是人还是组织，都必须抛弃原来的“内循环”，主动参与到互联网构建的“大循环”里来。所以表面上，人与人的独立性越来越高，甚至每一个人都是一个独立的经济体，但是由于这个“大循环”的存在，我们这个社会依然处于“大生产”状态。

在这个“大生产”状态里，你贡献的是你的长处，而你的短处可以隐藏起来。大家各尽其才、各取所需。让你的短处没有用武之地，让你的长处尽情展现光辉，这才是最理想的社会。互联网使得我们这个时代正在朝着这个方向努力。

互联网时代的企业，遵守的应该是“长板原理”，即当你将桶倾斜，你会发现一只桶能装的水量取决于你的长板（核心竞争力）。如今提倡的大众创业，公司成立的门槛越来越低。你只需要有一块足够长的长板，再配合一个管理者，就可以有立足之地。然后围绕这块长板展开布局，扬长避短、取长补短。可以通过合作、购买、共享、入股的方式，把合作者的长处变为你的长处。

随着创业者越来越多，行业划分开始越来越细，人的分工也越来越精细。我们只需专注自己擅长的某一领域，其他方面自然会有人来协助你。当然这需要很强的合作精神，互联网时代的商业逻辑就是一项如何协作的艺术，这一点与传统商业截然不同，因为传统商业强调的是如何竞争。伟大的公司之所以伟大，不是因为它们把什么都做好了，而是在某一方面做到了极致。今后的时代，如果你想做到处处到位，无异于缘木求鱼。

当大家都拿出了自己的长处，那么你的长处决定了你在大众中的层次，它也代表了你的事业高度。而如果你的长处不明显，那你就只能找到同一个层次的合作者。今后的职业生涯发展中，最好的能力策略是："一专多能零缺陷"。"一专"指让自己有一项专长非常非常强；"多能"指有可能多储备几项能力可以辅助使用；"零缺陷"指通过自身努力和对外合作，让自己的弱势变得合乎要求即可。而我们最需要避免的情况是"性情大于才情、情商大于智商"。即你虽然有些小长处，但是更善于逢迎和伪装，那么与你合作的成本太大，没有人愿意付出这种代价。也可以这样理解：传统年代"情商"更重要，而互联网时代，"智商"更重要。所以，今后我们只需要做好我们自己就可以了，经营好自己就是对世界最好的贡献。

千万不要再随波逐流了。竭力发现自己的长处吧！

弥补自己的短处是一件很痛苦的事，很多人忙碌一生依然没有活出个所以然来。只有长处才能代表一个人存在的价值和意义。寻找长处，应该从兴趣开始找起。衡量的标准就是看你是否开心愉快。发挥自己的长处，不仅自己会感到快乐，创造的社会价值也会更大。所以，这是一个最好的时代。

以前我们活得太匆忙，根本没有机会去反省自己的内心：你做的事究竟是不是你的兴趣所在？而有的人即使发现了自己的兴趣，但是迫于现实压力，依然还得埋头苦干。而今后兴趣才是你能量的源泉，它决定了你的职场定位。

那么短处存在的价值是什么？短处可以给我们带来自知之明，让我们更加深刻地认识自己。知人者智，自知者明。浮躁是这个时代对人们最大的考验，它让你迷失了自己。

人生最大的敌人是自己。

当你发现一个人做什么事都行时，其实是他做什么都不行。当你发现一个人做什么事都不行时，总有一方面让任何人都比不上他，只不过是你还没有发现而已。

第四节　强者通吃

先往前推 30 年，在 20 世纪 80 年代，中国的万元户已经算是富裕家庭，而现在即便是百万家产也毫无优越自豪感，这是为什么？

再往前推 100 年，在 18、19 世纪时，中国富豪的财富是以万两银子为基本单位计算的。当时英国商人也把百万英镑看成可望而不可及的天文数字，而现在马云的财富已经达到 300 亿美元以上。

再往前推 200 年，也就是 17 世纪末期时，整个美国社会的货币供应大约是 280 万美元，如果当时某个美国人的财富能有百万美元，那他毫无疑问能进入当时的首富榜。而现在美国首富财产不会低于 500 亿美元。

这仅仅是因为通货膨胀吗？仅仅是因为资本主义吗？仅仅是因为财富分配不合理吗？事实上，当我们从根本上分析这个现象之后，你绝对会发现一个非常不可思议的变化规律，并且得到很有意义的启示。

在传统年代、传统行业里，我们的财富是跟劳动成正比的，比如，如果种 1 亩地需要花 100 小时劳动，最终产出 100 千克粮食，那么要生产 1000 千克粮食，就需要种 10 亩地，投入 1000 小时劳动。出现偏差只是在于：有的人勤快一点、聪明一点，或者天气好一点，等等。不仅农民种地如此，工人上班、司机开车、记者撰稿等都遵循这种规律。所以，这个时候，整个社会财富是呈直线分布的。

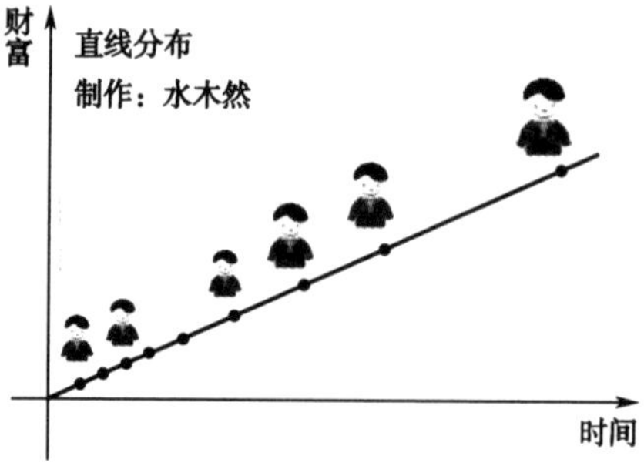

传统社会财富分布图——直线分布式

那么问题来了，在这种呈直线的财富分布方式的基础上，如果你想获得更多财富，比如，你想生产 10 000 千克粮食，那就需要种 100 亩地、花 10 000 小时，你一个人甚至一家人忙得过来吗？

这个时候，只有去雇佣别人为你种地，你付他们酬劳。如果再加上科技的进步，种地已经不再单纯依靠劳动力，还可以依靠各种机器设备，当然仍然需要人工去操作，这样就进入更大的规模化种植了。此时你就不再是一个农民，你变成了一个农场主。作为农场主是要承担风险的，比如，天灾、虫害，等等，这同老板们总要承担公司亏损的风险是一样的，同时由于他们的劳动属于更高层面的调控和指挥，需要智慧、胆识和魄力，所以获得的回报也比较高。没错，这就是资本主义的形成过程和结果，这也叫作原始资本积累。

于是社会上形成了大量的“雇佣关系”，这使财富规律不再遵循线性增长规律，此时财富的分布变得更加陡峭，呈曲线分布增长。

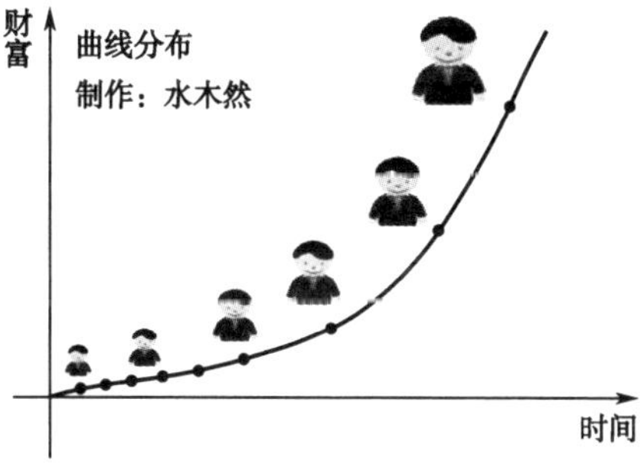

传统社会财富分布图——曲线分布式

而现在情况又在发生变化。在这个被互联网统治的时代里，有一种东西彻底改变了社会的运作规律，它的名字叫“链接”。

在传统社会里，人与人之间的沟通和互动效率是低下的，比如，最开始是写信，信息从一个地方传到另外一个地方大概要一周；后来我们可以去邮局发电报了，虽然几分钟就到了，但是收和发都很不方便；再后来出现了电话、手机、QQ，直到今天微信的出现，使得“链接”无处不在，一件有意思的小事就可以迅速引发一场传播和互动，瞬时抵达各个角落，于是人与人之间、组织与组织之间被彻底链接在了一起，整个社会由原来的散落状变成了一张大网状。

于是，商业模式又开始变化了……

在传统年代，由于社会组织是散落状态的，所以很多小的区域容易形成独立系统，在这个系统里会有很大的生存机会。比如，张三在张庄、李四在李庄可各办一家商店，当然每个村庄都可容纳几家商店，只要商店不门对门，都可以相安无事，尽管都不易办得太大，但可以各自独立生存。从这种意义上来讲，正因为每家商店规模都小，需要的创业资本也不多，所以都可以开起一家商店，然后雇佣一个店员，从而进入到“企业家”阶层。当然你除了可以开商店外，还可以开饭馆、开理发店，等等。

当然这是小生意，而所谓的大生意往往分为两种：要么是跨区域的经营，因为此时还没有互联网，信息是不对称的，商贩们可以通过“低买高卖”获取利润，“倒爷”就是这样产生的；要么就是开工厂，雇佣大量的劳动力去制造产品，中国制造业就是这样逐渐兴起的。所以传统社会是有很多“生意机会”的。

那么，情况是怎么变化的呢？

在“链接”无处不在的时代，由于信息传导渠道的通畅，甚至四通八达，整个社会的资源和财富开始向极少数人手里集中。

由于互动的高效性，很多组织可以更好地管理和运作，它们能在全国范围内统一从生产厂商采购，利用现代物流低成本运往各地，由于它们的采购量很大，掌握进货的定价权，能把进货价压到最低，进而能大打价格战。相比之下，那些“夫妻店”的规模很小，进货没有定价能力，只能被动地接受厂商给的价格。所以，规模化公司零售有极强的竞争优势，夫妻杂货店很难生存。今后做“小生意”的机会越来越少。同样由于互联网解决了信息的对称性，因此倒买倒卖也没有机会了。

以前我们会去看一些现场演出等类的活动，所以各地都有不同的文艺表演形式，这会供养一些演员队伍。而现在人们的注意力都被手机所吸引，手机屏幕的大小往往就是我们的视野范围，再加上社交媒体的发达，经常会蹿出一些网红，霸占了我们的视野。也就是说，我们的注意力再也不是分散的，而是被集中到了某点上。网红火了之后可以迅速获得融资，最终走上明星的路线，而那些普通演员的生存空间将越来越小……

以前到了周末我们会去现场看篮球比赛，而现在网络直播就很方便，为观众提供视频转播服务，犹如亲临现场，于是大家把注意力都集中到了世界球星身上。总之，零售业、餐饮业、娱乐业等各种传统行业，正在经历商业“去碎片化”的洗礼，并由大公司、名人取而代之。社会也因此失去了众多中等收入机会，更多的人被列入工薪阶层，让收入分配、财富分配出现更为严重的分化。

因此，从某个角度来讲，互联网正在加剧贫富分化。但是，这又绝不仅仅是互联网在起作用，高铁、飞机等科技进步，也在不断地提高世界的协作效率。需要说明的是：一个社会的互动和协作效率越高，

“赢者通吃”的情况就会越明显。因为人都是趋利性的，人们都想把资源投向最增值的地方，协作性越强的社会资源流动性就越强。这里还有一个微妙的变化，那就是这种“链接”对传统的“雇佣”关系形成了很大的冲击，甚至使其“断裂”。

这就是我们之前提到的：公司在消失，个体在解放。原来的“公司+雇员”结构变成了“平台+创客”结构。传统的雇佣关系正在行将就木，而个人的力量将得到充分发挥，在这张网状的社会组织上，每个人都是一个“节点”。而那种利用自己的魅力、才能，成为万众瞩目的人，也就是一个重大的“节点”，大V、网红能成功就是这个原因，人与人的区别就在于此，仅此而已。当然这一切都是借助平台的力量。所以社会优质资源的流向其实是这样的：大家—平台—个人。如同自媒体运营离不开微信公众平台一样，资源必须经过平台流向个人，不仅有能力的人得到了成就，而且那些平台的拥有者也成了真正的财富集大成者。

我们再来看看平台型的企业财富究竟增长有多快。微信、淘宝成全了无数个个体，所以马云、马化腾经营的是典型的平台型企业。

以马化腾为例，2004—2011年，腾讯的利润分别为4.4亿元、4.8亿元、10.6亿元、15.6亿元、27.8亿元、52.2亿元、81亿元和120亿元。马化腾持有腾讯14%的股权，也就是说，假如腾讯没有上市，那么马化腾的个人财富只能是腾讯利润总和乘以14%，也就是43.8亿元。

但现在由于腾讯上市了，它的财富是600亿港币。因此，股票大大改变了财富的数量级，这并不是企业家辛苦耕耘所致，也不是苛刻剥削的结果，而是腾讯作为平台成全了无数“个人”的回报，即可以用指数分布方式来体现。

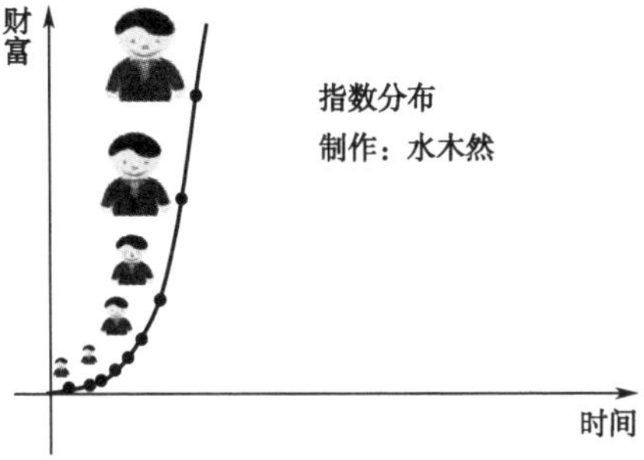

现在社会财富分布图——指数分布方式

在链接无处不在的时代，人的才能可以发挥得淋漓尽致，很容易制造财富神话，同时又很容易将凡人埋没，财富两极化其实是能力两极化的表现。

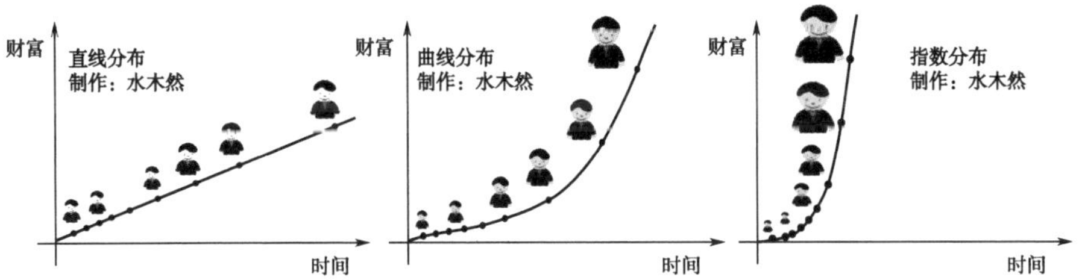

三种财富分布方式的比较

但是在互联网时代，财富往往是按估值或者市值计算的。这些财富并不是实实在在的钞票。

比如，马化腾的这些财富都在股市里，他要想把它变现就得去卖股票，但是他一卖股票公司往往就会出问题。所以，这才是财富最合理的状态：你拥有的并不是一打打的钞票，而是拥有支配资源的能力，然后需要让资源继续流向最有能力的人身上，才能实现财富增值，同时也成就了其他人。所以，腾讯要不断地收购和投资这些创新型企业。互联网在造成两极分化的同时，也在加速资源的流通。

因此，中国人的财富形式先后经历了：粮票（花钱的权利）—存款（现金数字）—房产（固定资产）—估值（虚拟财富）四个阶段，未来的财富形式一定是估值或市值，趋于虚拟和抽象，究其本质，是整个社会越来越共享化、公开化、公共化。

那么，问题来了，我们该怎么办？

中国人有句话叫作：宁为鸡头，不为凤尾。这句话只有在当今社会才能体现其真正的价值，因为传统的中国社会是粗放型的，眉毛胡子一把抓，大家都想做第一、都想做鸡头，可是社会上哪有那么多第一给你做？

但是现在不一样了，互联网时代更注重协作，在信息高效对接的帮助之下，人与人之间的协作效率越来越高，因此整个社会分工进一步细化。我们都在拼命地弥补自己的短板，而今后实在没有必要精通一切，如果设计不够专业，可以聘用优秀的专业人才；如果市场、公关是短板，则有大量的优秀广告和宣传公司为你量身定做……你只需挖掘自己某方面的潜能，只需专注自己擅长的某一领域，其他方面可以通过合作的方式补齐自己的短板。

水木然点评：

知人者智，自知者明。专注、专注、再专注，一定可以创造奇迹。一定要充分认识自己，发掘自己，坚持做某个细分领域的第一名。哪怕是一个非常细小的领域，能做到了这一步，你就不再平凡。所以我们每个人都有逆袭的机会，这才是最好的时代。

第五节 集聚效应

我们先以某位老师的收入为例，来看一下互联网是如何形成集聚效应的。

一位高中物理老师通过在线教育平台，将自己的直播课标价为 9 元，结果共有 2600 余名学生购买他的这节课程，也就是说，他可以实现时薪 2.34 万元的高收入，月收入可达数十万元。扣除 20%的平台分成后，这位老师时薪高达 1.8 万余元。后来据他本人介绍，实际最高时薪达到 2.5 万元，还略高于报道的水平。

而这种情况在传统年代是不可想象的，因为无论一个老师的声望多高，最多开几堂大课，前来上课的学生总是有限的。但是在线教育却可以无限扩大学生的容量，这就是互联网带来的“集聚效应”。

最重要的是，当在线教育再结合了直播、VR、自媒体这些日渐成熟的渠道，像这位老师这样的顶尖人士，形成的集聚效应只能越来越强。而此时，对于那些普普通通的老师，可能生存空间就越来越小了。

然而在传统年代，老师都是呈现均衡分布的，区域和空间给每位老师划分了自己的空间，每个人都有自己的学生，其中的差距不会太大，并且形成了一种平衡状态。

而互联网的马太效应，迅速撕裂了这种均衡。

再以“Papi 酱”为例，她通过社交平台的联动性，将所有目光聚焦于一身。她占据了我们闲暇娱乐的时间，无论打开视频平台、微信、微博还是新闻客户端，全部都是她的信息，即便直播会给每个人展示自己的机会，但是大部分人依然会去看这类“快消类娱乐”，其优势显而易见。

当然她具有一定的表演能力，然而像她一样具有这种才能的人很多，这些人也是需要通过表演生存的，虽然直播、自媒体给了这些人新的生存机会，但是不可否认的是，互联网新兴产业带来的市场一定是被金字塔顶端的人独享的。

如果在传统年代，“Papi 酱”可能就是一名普通的舞台演员，如果想成为明星，选秀或者北漂也许不可避免。

水木然点评：

互联网时代虽然给了普通人一个成名的机会，但是这种机会却最终被个别人独享，财富分配确实加速了两极分化。

还有一个问题，如果没有互联网，我们可能是萝卜青菜各有所爱。自从有了互联网，社会的流向文化忽然变得非常一致，我们正在变成一群真正的聚合之众。

其实，我们消费和追捧的这些互联网文化产品，并不是真正在享受产品本身，而是为了让自己在朋友聚会或同事聊天时不至于出现这么一种情况：别人谈得兴高采烈，自己却完全插不上话，只能尴尬地陪笑。

这些流行作品为我们提供了谈资，并且可以作为很多问题的切入点，也就是说，我们购买的这些商品主要是为了获得额外的社交收益。一个文化符号越流行，其额外的社交价值就越大，而社交价值越大，其性价比就越高，越容易有新顾客购买。

互联网本身就是注意力经济，越流行的产品就会有越多的新顾客购买，这就是赢者通吃经济。因此流行的更为流行，而不流行的东西几乎全部都将被埋没，纵然你有价值，也很难发光发热。

这就是“聚合之众”。

因此，无论什么行业，排名最靠前的人或者产品一定是最受欢迎的。互联网也在肆无忌惮地执行这套规律。在淘宝、亚马逊这些网站上，任何一类常见商品都至少有数百种可供选购，用户往往没有耐心一一查看。一般用户只会看前三页，甚至只看系统推荐的第一页。这意味着几百种、几千种同类商品中，很可能只有几十种会受到大多数用户的关注。随着网上购物的流行，所有的传统产业都会向赢者通吃的方向靠拢。你越受欢迎，出现在其他用户视野中的概率就越高。

因此，做电商的要去刷单，做自媒体的要去刷榜，而且造假愈演愈烈，手段越来越高明，就是千方百计地通过排名来进入大家的视野。

这就造成一种非常可怕的现象，所有人都拼命地往最顶端爬，而中下层的生存空间却越来越小，大家必须往上挤，而且是不顾一切的、拼命的。刚开始促使大家努力的是功成名就，而随着底层空间的不断缩小，促使大家的必然是生存问题。

我们再来看一份调查，根据国际发展与救援组织乐施会的最新报告：世界上最富有的 1%的人口群体所占有的财富，从 2009 年的 44%增长到 2014 年的 48%，而到 2016 年，这一比重将超过 50%。在这 1%的部分中，人均财富为 2700 万美元（约合人民币 1.7 亿元）。

即使在剩余的 50%的财富中，几乎全部是被其中相对富有的 20%的人口所占有，而其他 80%的人口总共仅拥有全球财富的 5.5%，这样平均下来，每人只有区区 3851 美元（约合 2.4 万元人民币）。

不过，真实情况比描绘的还要严峻，因为 3851 美元只是一个平均数值，而事实上，现在世界上每 9 个人当中，就有一个人吃不饱。全球有 10 亿多人每天的生活费不到 1.25 美元。

与此同时，国际货币基金组织总裁克里斯蒂娜·拉加德也强调说，“无论一个国家财富增长得多快，增长带来的好处只被很少一部分人享有。”

水木然点评：

在既定的社会制度下，无论我们创造了多少财富，都是越来越向少数人手里集中。

究竟为什么会这样呢？因为随着交通、信息、物流等条件的不断发达，社会资源的流动会越来越通畅，最强势的一方会对资源产生虹吸效应，使自己越来越强，然后吸引更多的资源。

比如，2010 年美国发行了 7.5 万张音乐专辑。其中，排名最后的 6 万张，全部销量加起来，大约为 80 万张，只占了所有专辑总销量的 0.7%。而说唱歌手埃米纳姆的专辑 ***Recovery***，该年销量为 342 万张，排名全美第一，超过那 6 万张专辑总销量的 4 倍。这就是一种“一将成名万骨枯”的局面，也被称为“赢者通吃”（Winner-Takes-All）经济，或“超级明星”（Superstar）经济。

不仅是唱片行业，其他行业也是如此。大家都会把鲜花、掌声以及金币全部抛给一个顶尖人物。这不是最可怕的，最可怕的是，互联网正在加剧这种效应，而中国是最具代表性的国家之一。

从大的方面来说，百度在搜索领域一家独大，阿里巴巴在电商领域所向披靡，腾讯则是社交霸王，BAT 正在成为“超级公司”，其他小公司只能大树底下好乘凉，被收纳反而成了唯一的出路。

再从小的方面来看，2016 年的几大风口，直播、网红、VR、自媒体，等等，都是在不断强化一种个人效应，即所有的资源都会强化“超级个人”，也可以称为“超级明星”。我们开头提到的两个例子就是最好的说明。

让笔者感到担心的是，当一个社会的绝大多数人，为了解决生存而去折腾的时候，是一件非常可怕的事。物极必反、盛极而衰，最好的时代，一定也是最坏的时代。最好的事情之后，往往孕育着最坏的事情。

互联网以其开放、自由、连接、协同、共享的特征开辟了一个崭新的时代。以自由化冲击组织化，它的初衷是把权力交给大众，实行信息开放和传播自由，为此需要采用开放的、分布式的、民主化的技术建立一个平等的平台，因此我们敞开怀抱迎接互联网革命。但同时，我们一定要谨防互联网会把惊人的权力和财富转移到极少数人的手里，一旦富人变得更富，穷人则变得更穷，前者富得无处花钱，后者则穷得无钱可花。这必将严重影响消费，延缓经济复苏。

当然，还有两种解决办法，第一种办法就是社会的细化速度必须超过财富聚集的速度，这样就会出现越来越多的领域和行业，然后每个行业都有引领者，这就是大家朝不同的方向努力，整个社会呈现一种大协作的状态；第二种办法就是资本主动发生裂变，裂变成无数的个体。

CHAPTER 5

第五章

读懂中国

今后的世界，不同地区的文化、政策和市场差别只会越来越大。这恰恰给了那些本土化、小众化的产品机会，以前的企业越做越宽，今后的企业一定是越做越深，精耕细作才是未来企业的出路。

第一节　什么企业会被淘汰

如同人是社会的细胞一样，企业是经济的细胞。2016 年，中国经济正在进行一场大换血，将是企业转型最关键的一年，一大批传统企业将在这个分界点消亡，同时将有一大批崭新的企业脱胎换骨、脱颖而出。

那么，究竟什么样的旧企业才能渡过这道关口？或者说什么样的新企业才能成长呢？

1. 中国的企业划分

中国的企业分为三种。

第一种企业叫服务型企业。

什么是服务型企业呢？凡是依靠雇佣员工的技能和劳动，为客户提供服务，并以此获取佣金的公司都可以称为服务公司，比如，广告公司、咨询公司、设计公司、律师事务所、会计事务所、代运营公司，等等。

这种公司的特点是，它们提供的服务不是标准化的，而是需要为每一个客户量身定制、量体裁衣。比如，它们可以为你设计公司的LOGO、帮你的房间进行装修设计、帮你策划一个运营方案，等等。

这种公司的运作逻辑是，集中和组织雇员的智慧和精力，发挥团队作战的综合效应，然后为客户创造更为优质的服务，核心优势体现在服务的“专业性”上。但是正是因为这种定制性，这种公司的发展是受限的。因为随着服务客户数量的增多，服务质量必然会下降；而且随着公司雇员的增多，管理会越来越复杂，专注性会有所降低。

这种公司的投入也是最少的，而且见效快，团队搭建起来就可以去接单。很多人创业就选择做了服务型公司，尤其是专业出身的人，往往是兴趣使然去做公司，我们经常看到某广告公司的老板就是设计师出身，某餐厅的老板也是做厨师出身，等等。

然而在中国做服务行业有时是很辛苦的。正是因为没有客观的服务标准，所以客户可以无限地提出各种要求，改这改那、呼来唤去，或者重新再做，等等，你需要做太多无用功，但客户还不以为然。他们从来不会考虑自己付出了多少钱，却总在奢望得到最好的服务。

人性的复杂使中国企业内耗本来就很大，再加上中国人太缺乏契约精神，所以，服务型公司在中国想做大是很难的。但是，在国外就不一样，国外的人比较讲规则，做事直来直去，业务模式容易复制并设立分支机构。比如，美国的奥美广告甚至可以做成跨国公司。

而中国呢？员工水平差一点吧，做出的东西让客户不满意；员工聪明一点吧，就会带走资源和客户，另立门户去了，然后与原来的公司形成竞争。同质化的竞争让客户对服务再三对比和挑剔，结果就是大家一起痛苦。这就是服务型企业的现状。

第二种企业叫产品型企业。

如果说服务型企业是因为服务的不标准性，使自己发展受限，那么，产品型企业就突破了这个限制，因为我们不提供服务，我们只生产产品。产品型企业的特点是：一旦产品得到了市场的认可，产品会普及到千家万户，于是企业规模就会得到迅速成长，而且形成品牌效应。

在这里我们得把产品型企业做一个细分：传统产品型企业和新型产品型企业。

传统产品型企业也就是我们常说的生产型企业，做这种企业前期需要投入的精力、财力很大。比如，你想做服装、手机或者其他快消品，你需要研发、调研、建设厂房、购买机器设备，等等。而且当产品进驻市场时，你还得做广告宣传、要招商、做售后，等等，这真的是一项浩大的工程。但是我想告诉大家的是：这种方式已经不再适应当下的时代了。大家有没有发现我们身边有很多耳熟能详的品牌都在难以为继？包括一些家居、服装、家电等企业。

而与此同时，新型产品型企业正在崛起，新型产品型企业的特点是：周期短、更新快、电商化，甚至在逐渐实现定制化。

比如，电商品牌“韩都衣舍”在全国共有 200 余家供应商，相当于拥有很多小的附属加工企业，即使某一款衣服只拿到了 100 件的订单，照样可以起做。这种应变和反应能力非常强大。

传统产品型企业一开机器就必须是 10 万件起步，而很多新型产品型企业，却可以将一件单品从 100 件起做。这就叫与时俱进，因为人们的需求越来越个性化和多元化，品牌和款式趋于更多、更新、更快、性价比更高，而互联网帮助新型产品型企业实现了这一过程。

因此，这里有两个很关键的点，能不能成为新型产品型企业，或者说传统企业能不能转型成功，就看这两点。

第一，你是不是能够抓住消费者的需求？

第二，你能不能根据消费者的需求做出快速反应？

显然，第一点要依靠电商平台，第二点要依靠自身的供应链。

第三种企业叫平台型企业。

“平台型企业”本身不生产产品，却以互联网为基础，为各种“供给”和“需求”提供对接，确切地说，是让多种多样的服务商都能找到各种相应的消费者。

平台型企业的特点是这样的：它的培育期更长，甚至需要持续多年“烧钱”才能真正起步。比如，滴滴打车、京东等企业直到现在还在“烧钱”，但是它们只要起步，其价值就会飞速增长。平台型企业的增长空间是前面两种企业所无法比拟的。

最关键的一点，“平台型企业”正在吞噬前面的两种企业。我们先来看看服务型企业是怎么被吞噬的。

2. 服务型企业的消失

服务型企业雇佣的往往都是具有专业特长的人，而这些人正在变得越来越独立。他们今后不需要受雇于某公司，只需要通过相应的平台就可以获取相应的订单，比如，设计师去猪八戒网、司机去滴滴打车、货车司机去58速运、写手可以去做自媒体、医生可以去春雨医生，等等，甚至美甲师、美团外卖都可以利用互联网找到客户。

于是，我们可以看到当今社会的自由职业者越来越多。他们不仅大大降低了服务行业的门槛，而且使服务业更加细分化。比如，原来花1万元想找个公司设计个LOGO，但很多公司会觉得麻烦，而现在却可以找一个不错的设计师。并且设计师也可以分为各种风格的，我们可以根据具体需要来选择。

既然这些人被解放了，必然有一批服务型企业要消失。正像我们前面所说的，中国社会的基本组织结构正由“公司+雇员”向“平台+个人”转变，服务型公司将消失，服务型的个人将大量出现，他们将成为独立经济个体。把自己的能力发挥到极致，自然就会有人同他们协作，然后完成客户的任务，这也使整个中国社会越来越精细化。就像我们所说的，今后的产品是由灵活的生产商制造出来的，这些生产商很可能是一个家庭作坊，或者一个精致的团队，甚至是个人，而不再是大的工厂。

现在手机端诞生了很多定制化的App，比如，服装定制、家居产品定制，等等，消费者需要产品时可以先在这些平台上下单，然后平台会根据生产商的定位去分配订单，产品出来之后再由物流系统运送到消费者手里，此时消费者的个性化需求也得到了满足，生产商的灵活性也得到了发挥。比如淘工厂就是这种平台，今后这种定制化的平台会越来越多，越来越细分。而我们上面提到的韩都衣舍，也是采取层层外包的原则进行生产，表面上是一家新型产品型公司，实际上已经变成了一家为各级生产商提供订单的平台。海尔的转型也是这样，所谓的“创客工厂”不是真正意义上的工厂，而是一个大平台。有人出创意，有人去设计，然后再有人去生产。

3. 未来企业的存在形式

未来的企业只有一种存在形式，那就是平台型企业。既然如此，我们该如何面对这种变化呢？

对于服务型企业来说，应该思考以下两个问题：

- 我的雇员是一批什么样的人？他们需要一个怎样的机制才能接到订单？
- 我该怎样做才能帮助客户找到更好的专业者，从而提供更好的服务？

对于产品型企业来说，应该思考以下两个问题：

- 我该如何利用互联网才能直接跟消费者互动，从而第一时间获取他们的需求？
- 产品的生产是不是可以做到层层外包，利用订单养活一批供应商？

水木然点评：

海纳百川，有容乃大。如果没有胸怀和包容性，一定做不成平台。公司消失，平台永生。

第二节 中国城市格局

每天都会在网上看到各种城市排名：GDP 排名、房价排名、各种指数排名，等等，都是用一堆数据下结论，基本都是人云亦云，并没有多少可读性。

中国依然处于发展的大浪潮当中，城市格局是由经济结构变迁决定的，而且变化日益微妙，如果不能从深层次上分析这个问题，就永远只能停留在“数字”表面。

请记住：看格局不能只看数字，不是用“眼”看，而是用“心”看。你只要用“心”，那些浮华信息都会被过滤，真相就会自然呈现。

1. 经济中心城市

现在我们来探讨一下中国城市格局的问题。

首先，大家有没有发现一个事实：在中国，凡是沿海的经济发达省份，都会有一个“经济中心”城市，其经济发展水平要比省会城市高，自南向北依次为：广东的深圳 VS 广州、福建的厦门 VS 福州、江苏的苏州 VS 南京、山东的青岛 VS 济南、辽宁的大连 VS 沈阳。也就是说，这些省份都有一个“经济中心”和一个“政治中心”，这叫“政商分家”。只有“政治”和“商业”分家了，经济才能真正地发展，这也是中国第一阶段改革开放的成果，沿海省份经济硕果累累。

其次，我们也会发现，凡是经济欠发达的内地省份，本省经济就会出现“省会独大”的经济现象，比如，湖北的武汉、湖南的长沙、四川的成都、安徽的合肥、陕西的西安、山西的太原、新疆的乌鲁木齐、云南的昆明，等等。这叫“政商不分”，“政治”和“商业”纠结在一起，这些地方的经济往往是依靠“行政”手段堆砌起来的。

这就是“内地”与“沿海”的区别，经济结构不一样。“省会一家独大”和“两个城市遥相呼应”相比，很明显后者更具协调性、分工性，当然这也是改革开放的政策倾斜导致的。

比如安徽，这么多年来一直坚持举全省之力建设一个“合肥”。凡是去过合肥的人都知道，论及外表它算是富丽堂皇了。但是一个省会的富丽堂皇与该省老百姓的生活水平是没有任何关系的。更何况，合肥本地人均收入其实很低，也不能与其外表成正比。

究其本质，要想使一个省的经济水平得到发展，必须“政商分开”，政治的归政治，商业的归商业。选择一个城市作为“经济中心”与省会遥相呼应，这叫分工明确、定位精准，这样既出政绩，老百姓的生活又能提高。要知道乱炖是做不出好菜的。

最后，我们再来看看整个中国。如果把中国看成一个整体，那么其政治中心就是北京，经济中心就是上海，你看这分工多么明确，所以改革开放才 30 年就取得了有目共睹的经济成就。

2. 4 个一线城市

下面我们再来看看 4 个一线城市是如何形成的。

首先，来看北京是因何成为中国第一大城市的。我们知道，中国城市发展基本上都是改革开放之后才开始的，而中国上一个阶段的改革开放，其发展方式其实就是“权力经济”。

北京其实是“权力经济”的产物。中国上一个阶段的改革开放，依然有很多权力是没有外放的。因为很多地方政府、企业办事都得跑到北京来审批，“驻京办”就这样产生了。

同时北京拥有了全国最得力的资源，包括全国最高端的教育、医院、文化等资源，导致很多人的理想只有在北京才能实现，“北漂”就是这样产生的。

但是，随着改革开放的深化，中国接下来就将解决权力的问题。习主席强调要把“权力”关在“制度”的笼子里，再加上反腐的强化、审批流程的缩减、政府职能的转变，中国将迎来下一个崭新的时期。今后的企业家将更加注重创新，而不是搞关系，政府更注重服务和搭建平台，而不是掌控和指挥。

其次，全国的资金都往北京送，然后这些资金都送到上海运作，这就是政治中心和经济中心的区别。准确地说上海应该是“金融中心”。所有的商业模式发展到最后，就是货币如何生货币的问题，这就是金融的本质，它位于食物链的最高端，所以上海人均 GDP 永远是最高的。只要上海的“金融中心”地位不动摇，永远都是最富裕的城市，这是定位决定的。

这些资金到上海后就需要货币生货币。因此上海的金融公司多如牛毛，在那里最普遍的工作是“理财顾问”和“理财经理”。

上海人喜欢谈钱，所以显得比较物质和现实，上海的小资情调也是无与伦比的。这是一个适合成功之后再来运作和消费的地方，它缺乏对成功过程的欣赏，也就是缺乏对勤奋的认可、对年轻人的包容。

从某种意义上可以说，缺乏创新和创业精神。为什么我们要提到这一点？因为这一点其实决定着一个区域的未来。

再来看深圳，其定位应该是“科技中心”，科技最讲究的是什么？就是创新。这就是深圳和上海的区别。

深圳是中国最年轻的城市。如果你想读懂中国历史就去北京，如果你想读懂中国近代史就去上海，如果你想读懂中国现代史就去深圳。

中国电子类、家电类、智能产品往往都分布在这里，深圳的南山，基本上聚集了中国的所有科技巨头，其实要看“中国制造”的水平和前景，看这座城市的创新能力就行了。在深圳的大街上，你很少看到老头老太太，整个中国正在老龄化，唯有这座城市依然是年轻人的天下，这其实也是深圳的一个优势条件。

深圳的 PCT（专利合作条约）已经连续 11 年居全国城市之首；而且每万人发明专利拥有量达到 66.7 件，依然居全国城市首位，深圳已经成为中国乃至世界的“创新之城”。

最后再来看看广州，广州原本作为中国的准一线城市，而近年来各项数据与北京、上海、深圳三个一线城市对比却逐渐落后了，这是为什么呢？

而实际上，广州的起落其实也是中国发展的缩影，很值得探讨。

大家有没有发现一个重要的规律，中国近代史上，无论是开放港口、革命起义还是改革开放，都是从广东开始的。比如，自明清开始广州就是中国对外贸易的唯一港口城市；后来孙中山在广州领导人民起义，建立了国民政府；再后来邓小平在此领导中国改革开放，这些足以说明一件事，那就是广东人的开放和前瞻性。

而广州自秦朝开始，一直就是中国广东乃至整个南方的政治、经济、文化、军事中心，也是中国海上丝绸之路的发祥地。当时的广州被欧洲人称为 Canton，广州有专门为阿拉伯和波斯来的商人划分的专属区域。

到了清代，严格实行闭关锁国政策，却规定对外贸易仅限于广州，广州的“十三行”是清政府指定专营对外贸易的垄断机构，又叫“洋行”，业务十分发达，是世界第四大贸易之都。

当时十三行里的潘、伍、卢、叶四大行商，其家产总和比国库收入还要多，是真正的“富可敌国”。当时广州不仅吸引了大量的海外商人，国内商人也云集至此，仿佛这片土地特别适合经商，广州是当时中国商人鱼跃天空的最好平台。

当时的广州是中国最开放的城市，没有之一！

建国之后，1957 年新中国百废待兴，当时面对西方国家的封锁禁运，中国急需打开一条通往国际市场的道路。“广交会”应运而生，世界商人们的目光再次聚焦在广州。广州再次成为建国初期全国唯一对外开放的窗口城市。

甚至到改革开放之后，由于邻近香港的便利以及广东作为中国改革开放的先行地区，广州的开放最及时：第一批个体户、首家超级市场（广州友谊公司）、第一家仓储式商场（广客隆）、最早的现代购物中心（天河城），广州在商贸领域创下了众多的国内第一，对外贸易始终在全国领先，连续问鼎福布斯中国大陆最佳商业城市，当年叱咤商海风云的十三行，一直长期霸占着中国最大的服装批发集散地之一的位置。

然而到了现在，无论是从 GDP 总量、增速、创新还是产业格局上，广州的光环却越来越暗淡，这究竟是什么原因？

究其一生，广州这位“武林高手”一生遇到了三个对手，分别是上海、深圳和杭州。

在近代，上海是中国对外开放的后起之秀，抢了广州商埠的风头，在中国近代迅速崛起。

在现代，深圳在中国改革开放的窗口和台面，抢了广州的开放政策，并且中国只有一个省份有一线城市，而且这个省份还有两个一线城市，那就是广东。所以广州和深圳必然摆脱不了兄弟相残的命运。

而当下，杭州是中国电子商务的发源地，又抢了广州的对外贸易份额，并且线下交易越来越往线上集中，这给传统贸易带来了巨大冲击。

最重要的是，现在的广州正在失去开放的灵魂。看一个城市是不是足够地包容，你跟当地人交流就能看出来。你在广州跟本地人交流，听到的往往是粤语，而在深圳跟本地人交流，听到的基本是普通话。谁的包容性更强可见一斑。

这就是北京、上海、深圳之所以能成为中国一线城市的原因，它们各有各的定位，北京代表的是权力、上海代表的是金融、深圳代表的是科技，三者各司其职，各领风骚。

大家看明白了吗？定位决定未来！

杭州之所以能取代广州，就是因为它定位精准！把电子商务作为支柱产业，意味着重新制定一套交易规则，无论产品是谁生产的，我就把最合适的产品第一时间送到最合适的消费者手里，内销有淘宝、天猫，外贸有跨境电商，杭州的电子商务改写了商业格局。

少年强，则中国强。

今天在这里引申一下便是：

权力强，则北京强；
金融强，则上海强；
科技强，则深圳强；
贸易强，则杭州强。

那么排名呢？

在中国权力永远最大、金融位于最顶端、科技改变未来、交易决定经济。所以未来中国城市的前四强排名分别是：北京、上海、深圳、杭州。

上面探讨的是中国的一线城市，很多人说一线城市节奏快，压力大。但是一线城市的服务性质和消费结构的完善，却是其他地方所不具备的。另外，在一线城市打拼更多的是依赖你的能力，然后去碰撞各种机会。而在三四线城市，或者你老家的那个县城，更多的是看你的背景和出身，相信这一点很多人都深有感触。

3. 产业链

继续详解中国城市格局，我们再来弄清楚一个概念：产业链。中国“传统产业链”是怎么样的呢？我们以纺织服装为例做一个说明：新疆的“棉花”先运到山东，在山东做成“纱线”，山东的“纱线”再运到“江浙”做成面料，这些面料再运到广东做成“服装”，然后再贴上各大品牌的标签，我们身上的每一件衣服都是这样做出来的。

从“棉花”到“纱线”是初级加工，这是劳动密集型生产；从“纱线”到“面料”是深度加工，需要染色、漂染等各项功能的检测；而从“面料”到“服装”则需要设计师的创意注入，然后才能成为一件衣服；最后就是“品牌”运作，经过品牌方不断地营销和宣传，最终成为各类人群追逐的品牌服装。

大家发现没有，在这条传统的产业链中，从低到高依次是：新疆、山东、江浙、广东，这些区域的经济水平依次递增。这就是定位决定的，你所处的环节越高，所需要的技术含量就越高，以脑力劳动为主，获得的收益就越高。你所处的环节越低，所需要的技术含量就越低，以体力劳动为主，往往都是粗放型的生产。

从产品角度来说，品牌运作就是产业链的最高环节，比如，我们使用的苹果手机，虽然都是富士康生产的，但我们从来不会认为它是“中国制造”的，这就是品牌的神奇之处。这也是中国经济的瓶颈，沦为给别人代加工的地步，处于整个世界产业链的低端环节。

从商业角度来说，金融才是产业链的最高环节。无论是互联网公司，还是一些服务行业，很多品牌都把总部设立在北京，赚到了利润再送到上海运作（上海股交所）。

中国区域经济格局就是这样来的：

新疆—山东—江浙—广东—北京—上海。

究其本质是这样的：

材料—加工—成品—品牌—金融。

就是这样一个过程，所以有时先天条件更容易决定一个区域的定位，几乎所有的“资源强势区域”都处于“经济洼陷区域”。比如，内蒙古、新疆、山西拥有很多优越的原材料，如羊毛、矿产等自然资源，无论养殖、开矿技术做到多么极致，却永远只能处于“资源”这个最低端环节。而江浙和广东往往都是土地的贫瘠之处，因此促成了只有从事商业活动才能维持生活。这就好比一个人天生拥有“坐享其成”的老本，往往会“不思进取”；而一个人如果生下来“一无所有”，必然会产生强烈的“无则思变”的创造欲望。

所以，有时候真的不是我们不够努力，而是你生存的大环境造就了先天的一种劣势。你的定位既跟你的环境有关，也跟你的背景、学识、能力有关。有时无论你在某个环节做到多么极致，也永远只能停留在这个环节。比如，很多人从技术员做到工程师、高级工程师、特级工程师，依旧还是技术工人。其实很多道理都是如此，真正改变现状是要“跳出去”，这需要你能从更高的高度看待一系列问题。

除了先天条件之外，后天政策也是一大驱动。比如，中国的改革开放，其实就是把一些政策给了沿海城市，深圳、厦门、宁波、青岛、大连这五大计划单列市，就是这样产生的。它们自南向北分布，这种外力性的“政策驱动”在上一个改革开放阶段发挥着巨大作用，极大地影响了中国城市的发展格局。

4. 城市格局变化

上面提到的这种“政策驱动”在接下来的格局变化中将逐渐失灵。中国的城市之前是投资驱动，今后必须依靠城市内生驱动力。这也就是我们常说的中国今后的发展，行政干涉的作用会越来越弱。

1978 年邓小平在珠三角的南疆画了一个圈，后来建成深圳特区现代化的大都市。1990 年 4 月，江泽民在长三角的浦东画了一个圈，后来浦东成为上海经济的引擎。

2003 年，中国又在河北唐山曹妃甸画了一个 380 平方千米的圈，辅之以 2 万人口的首钢整体搬迁。但自 2003 年启动开发建设以来，累计填海造陆超过 230 平方千米，总投资超过 3000 亿元，高峰时期号称日均投资 4 亿元，一度被称为“中国最大的单体工地”、国家级循环经济示范区。它不仅承载着唐山城市和产业双重转型的“蓝色之梦”，更被视为重塑京津冀区域发展格局的战略之举。然而大规模的投入建设了十几年之后，这个“圈”却不灵了……

直到现在，像天津和重庆这种依靠政策介入的城市，依然像“老汉拉车”一般。我们整天看到这两座城市的新闻，官方给出的GDP数字也很高。但是这些都是表面现象，其实探讨一个地区或者城市的前景，我们只要推敲一点就可以，这个城市的定位究竟是什么？它有没有内在的张力？

的确，人生来就是不平等的。这一点可怕到你所在的地区又可能成为制约你发展的条件。但是，这一切都已经成为了过去。只有一种力量可以改变世界，它就是互联网。如果没有互联网，中国（包括世界）依然会按照既定的秩序运转，但是互联网的发展，将这一切规则都打乱了，新的希望又到来了。

比如，杭州是中国电子商务的策源地，并且把电子商务作为支柱产业。这是一个很精准的城市定位。电子商务的本质就是重新制定一套买卖规则，无论产品是谁生产的，我就是把最合适的产品第一时间送到最合适的消费者手里，内销有淘宝、天猫，外贸有跨境电商。电子商务改写了商业格局，包括我们前面讲到的产业链。为什么要说那是一条“传统产业链”，就是因为在互联网时代它将成为过去。如今一个产品品牌的诞生完全是另一套逻辑，关于这方面我们会在其他章节进行探讨。

放眼四望，未来的社会财富不再只是产品，还有数据和信息。谁对接了消费者的需求、谁掌握了消费数据，谁就在书写商业规则，中国倒闭了一批又一批的传统企业和传统产业，只是一阵暂痛而已，就像新生儿即将诞生，总会有临产疼痛一样。

总之，中国的未来依然充满各种变数，城市格局依然会动荡。但有一点不会变，就是定位决定未来。有很多城市定位很模糊，提到它们往往没有什么深刻的印象，这就好比一个人各方面都很平庸，属于泛泛之辈，你怎么看好他的前程？

还有很多城市摇摆不定，今天说自己领先中部崛起，明天喊着要融入长三角，这就好比当你发现一个人什么都可以干时，其实他什么都干不好。而当你发现一个人什么都干不了时，却总有一方面，是其他人都比不上他的，只是你还没有发掘到他的潜力。

第三节　中国的特殊性

1. 破冰时代

我们先来纵观一下人类的历史，从生产力的角度可以将其划分为 4 个时代：

- 原始社会
- 农业社会
- 工业社会

● 信息社会

这 4 个时代之间的间隔越来越短。

其中，从原始社会发展到农业社会，人类花费了将近 15 万年才完成时代跨越。而从公元前 1 万年人类进入农业社会开始，到公元 1776 年蒸汽机的问世，人类花费了近 1 万年就完成了第二次跨越。然后再到 1946 年世界第一台计算机横空出世，人类用了 170 年跨入了信息时代。

我们可以发现，社会完成转折的周期分别是：15 万年、1 万年、170 年，那么，下一次大转折需要多少年呢？

答案是 71 年，即从 1946 年到 2016 年。

2016 年将是人类下一个历史周期的元年。这个周期是“后信息时代”，什么是“后信息时代”呢？这里姑且把信息时代分为两个阶段。第一个阶段是“形决定象”，即互联网只是现实世界的辅助，比如，用于计算机、信息收发、信息展现，等等；第二阶段是“象决定形”，即互联网开始反作用于现实世界，比如，大数据、云计算、物联网等的应用。

人类已经进入了“象决定形”的后信息时代。互联网正在反作用于现实世界的方方面面，并且以一种颠覆性的逻辑推进人类发展。

2015 年是世界的冰河时期，全球经济萧条，政治角逐加剧，恐怖活动混乱频繁，这些传统矛盾已经演化到极致，即传统的社会结构已经无法适应互联网这股先进的生产力。

2016 年则是中国的破冰时期。

我们正在开启人类新的周期，这一轮社会变革的引导者将是美国和中国。两个国家的侧重点不同。

美国从第二次工业革命开始，已经连续三次引导社会变革了，所以美国的传统产业更发达，很多互联网公司都是传统企业转型过来的，变革比较温和，是在传统产业的基础上“+互联网”。

而中国的发展具有跳跃性，其互联网公司都是新成长起来的，它更善于直接翻盘，推倒重建，具有激进性、破坏性。中国是直接构建互联网体系去“革”传统产业的“命”，这就是“互联网+”。

所以美国的“+互联网”只是一场变革，而中国的“互联网+”却是一场革命！革命和变革的根本区别是，革命不仅需要创新性，更具破坏性。

中国在传统的道路上已经行驶了几千年，复杂的社会关系、沉沦的民众思想已经根深蒂固，面对新纪元的到来，传统的变革早已无法撼动僵化的体制，必须迎头一棒，敲开那沉重的枷锁。所以，中国的这场革命来得非常及时。

革命必然带来破坏，会伤害一部分既得利益者。因此眼下有人反抗、有人痛批甚至破口大骂，每一个人都在竭力维护自己的利益。当下的中国喧哗一片，每个人通过各种社交方式参与公共问题的讨论，自媒体领域更是一阵又一阵躁动。然而更多的人是以锋利的言辞代替了理性的思考，径直宣泄自己的情绪。我们需要深度的反省和思考，要有足够的理性。

青山遮不住，毕竟东流去。天下大势，浩浩汤汤，顺之者昌，逆之者亡。挣扎是没有用的，不如痛定思痛，改变自己，再敞开怀抱主动迎接变化。

也有很多所谓的经济学家，手持着美国绿卡唱衰中国经济。

但无奈的是中国的经济学家不懂互联网，沉溺在传统理论里。而那些互联网从业者又不懂经济，只有实践没有理论。

国外的媒体则不断地煽风点火，摆出一副随时火上浇油的架势。中国的路只有中国人走得出来，不需要国外人士的指手画脚。这就好比如果你没有经历过一个人的苦难，不了解这个人的经历，不理解他自身的环境，就很难在他身上得出正确的结论一样。

立足于时代之巅，中国正在走向一条前无古人的道路。欧洲已经衰落了，日本还在泥潭中，美国与中国的情况又不一样。中国在这个特殊的历史大转折时期，没有任何国家可以去参考、去效仿。

中国确实曾经非常善于模仿别人，从产品到企业，从技术到模式，但是这些都已经过去了，中国已经用这种手段完成了原始积累。如同当年德国用山寨追赶英国，然后又和美国一起引导了第二次工业革命一样。

中国接下来唯一的敌人就是它自己。

那些传统的、经典的经济学理论在当下似乎并不适用了。这些理论都是在工业时代诞生的。工业时代尽管先后经历了大机器生产、标准化生产和自动化生产，这些都是阶梯式进步，即使生产效率不断提升，却一直停留在量变的层次，而不是质变，因此传统经济理论也一直适用。

而在“后信息时代”，生产关系发生了根本性变化：从竞争到协作，从独占到共享，从“企业+雇员”模式到“平台+创客”模式，等等，各种转变正在发生。世界已经开始质变，那些经典经济理论已经不再适用了。

作为一个中国人，别人可以不理解我们，我们一定要理解自己。那么，在全球化 4.0 的大潮中，中国究竟有多特殊？

外国人看中国始终像雾里看花，14 世纪马可·波罗把中国塑造得美妙绝伦；18 世纪伏尔泰等启蒙思想家赞叹中国文明；19 世纪帝国列强又赠送了“东亚病夫”的牌匾；直到 20 世纪各种危言耸听的“中国黄祸说”。时而恭敬、时而蔑视、时而恐惧。

当我们看似融入世界的步伐越来越快时，笔者却愈发意识到中国自身的特殊性。这种特殊性不只是珍惜我们的传统文明，而是对东西方文化交融的自信，我们深信自己可以改良这个世界，因此在融入世界的过程中自然倾向于用中国的特殊性对抗全球化的普世性。中国有天下为公的思想，有四海一家的大度，有和而不同的原则，有自己的成功之道，那么凭什么不能有自己的处事方式？

世界是个大循环，而中国是个内循环。

中国为什么无法融入美国主导的资本主义体系呢？

因为中国有极其深厚的传统文化，中国是世界上唯一能够使文化一脉相承下来的文明古国，这种传统文化与私有制、资本的扩张性是背道而驰的。

水木然点评：

中国与世界的矛盾在于：世界是个“大循环”。火车头是美国，美国企图同化中国，把中国融入自己主导的大循环，而中国却试图冲破传统大循环的规律，用自己的内循环带动世界这个大循环。中国有信心、有能力、有责任带领世界步入更加光明的大道。

2. 关于民主

传统的“民主”和“法治”是分不开的，“法治”是“民主”的护法，否则“民主”只能是一个口号。

中国历史上也曾采取过非常严格的法治，比如商鞅变法。商鞅执法力度极严，甚至商鞅本人最终也死于自己所立的严刑峻法。他制定的条条框框虽然短时间内把秦国变成一台强大的国家机器，但很多做法违背了人性和天道，打下的江山“坚而不久”。

因为“法治”一旦做到极致，其实就是“以法为本”。要想实现“以人为本”，必须采取“人治”，但是“人治”需要圣人治世，而“圣人不常有，小人常篡位”。因此“人治”也是一条行不通的路。

法治的最高境界是人治，人治的最高境界是无治。

什么才是无治？即依靠利益关联进行互相制衡，在互联网时代，每个人都与外界有无数个连接点，依靠这些连接点，每个人的处境都将直接绑定自己的行为，贪婪、懒惰、无知作为人性的负面，都将被自然克制。

即无为而不为。老子早就强调了这一点，所以关于“民主”，中国人早就有深刻的认知。真正的民主绝不是西方倡导的“民主”。

真正的民主需要依靠什么才能实现呢？那就是未来的“链接”。

3. 关于崛起

中国正在避免日本、德国、苏联犯过的错误。

德国是在第二次工业革命中崛起的新秀，它当时超越了英国和法国两个老牌资本主义国家，成为世界第二强国（美国第一），但是德国盲目地向世界霸主发起了挑战，结果众所周知。

1985 年，日本取代美国成为世界上最大的债权国，日本制造的产品充斥全球。美国人惊呼“日本将和平占领美国！”到了 20 世纪 80 年代末期，日本 GDP 曾经接近美国的三分之二（美国是 6 万亿美元，日本是 4 万亿美元），成为史上最接近美国 GDP 的国家。然而一个广场协定下来，日本经济迅速进入消沉期，直到现在。

苏联的错误也是在一心地争夺世界老大，它用极其昂贵的军费维持全球的军事优势地位，因此它的经济崩溃了。

历史已经证明一点："争夺霸权"绝不是一个大国真正的崛起之路，它只能将自己和世界引向灾难。中国的领导层早已认识到这一点。再者，中国从古至今都不奉行霸权主义，从朱元璋的"高筑墙、广积粮、缓称王"，到毛泽东的"积粮不称霸"，再到周恩来提出的"和平共处五项原则"，中国只想告诉世界：中国的崛起是不可避免的，中国也愿意帮助任何一个国家实现崛起，送人玫瑰，手留余香，大家好才是真的好。

4. 关于我们

对于每一位中国人来说，最理性的考量将是："我究竟是多么幸运，才赶上了中国最值得兴奋的时刻，在这个伟大的时代，我该做点什么才更有意义呢？"

中国人的聪明是举世皆知的。在东南亚，财富大部分聚集在华人移民手里；在美国，犹太人占领华尔街，华人和印度人占领硅谷。

但是，为什么 iPhone 不是在中国发明的？那是因为中国传统的知识产权法规和激励制度作用不足以释放出中国人所拥有的创造力。

正如《西方的衰落》一书作者尼尔·弗格森所指出的："制度正在导致社会的繁荣或衰败，制度就是在其中发挥作用的错综复杂的框架体系。"

因此，中国需要千方百计地完善自身的制度体系，这正是中国最大的发展潜力，而我们也将迎来最具创造力的阶段。

第四节 管仲经济学

写这一节的目的是想让读者明白中国对于经济的理解和应用一点都不比西方人差。

春秋时期，有个国家叫齐国（现在山东的胶东半岛地区），齐国的创始人是大名鼎鼎的姜子牙，该国虽然经历了10代人的打拼，但直到第11世孙齐桓公在位时，依然还只是偏居海滨一隅的小国。

此时诸侯列国的竞争愈演愈烈，齐国要么主动创新图强，要么等着被兼并。创新有可能是送死，不创新肯定也是等死。

面对时局变化，齐桓公决定改革。

老板决心有了，CEO在哪里？

齐桓公本来任命一直辅佐自己的鲍叔为相，但是鲍叔却向他推荐了另外一个人。当齐桓公听到那个被推荐者的名字即管仲时，勃然大怒道："我恨不得吃了他的肉，扒了他的皮！"原来管仲曾经为了护主，射了他一箭。但是创新不拒贤，个人私仇怎能妨碍国家前程。而且管仲在应聘时只说了三句话，就打动了齐桓公。

- 凡治国之道，必先富民；
- 仓禀实而知礼节，衣食足而知荣辱；
- 国多财则远者来，地辟举则民留处。

所谓“举世滔滔，唯知己渺渺”。两人越说越投机，句句正中下怀。于是齐桓公拜管仲为相国，并告示百官：“国家大政，先禀仲父；有所裁决，任凭仲父。”

管仲的才华终于有了用武之地。在他眼里，普通百姓是“人”，免不了好逸恶劳、贪财好色、自私自利，但也有人情亲情。同样，官员和皇帝也是“人”，只是多了一些欲望野心和责任而已。在管仲眼里，这个世界不是由“好人”或“坏人”组成的，而是由“自私自利”的人组成的，所以“政之所兴，在顺民心”。他不强调道德，也不迷信强权，一心务实。他改革的本质是将人性的弱点变成劳动的动力：集大家之私，成社会之公。

管仲在位的时间长达 40 余年，成为先秦诸子中唯一成功的典范。说管仲是一位改变了中国历史进程的人绝对不为过。管仲改革最核心的是“以商止战”，即对内发展商品经济，让国民富裕而不至于造反；对外扩大对外贸易，用贸易来制衡战争。让各国发动战争的代价大于终止贸易的代价。因此他又十分重视工商业。他说：“无市，则民乏矣”。在中国历史上，商人地位一直是很低的，管仲却将“工商”与“士农”并列。

同时，管仲又十分重视调节贫富差距。他主张治理国家要“上下有义，贵贱有分，长幼有等，贫富有度”。管仲还制定了历史上最早的自然环境保护法。面对当时“竭泽而渔”的经济开发，为了使林木和渔业资源得到可持续发展，制定了“山泽各致其时”的政策。

在提高积极性方面，管仲提出把土地分下去，实行分户经营，这样人们会自觉抓紧农时。因为只有劳动者自己知道季节的早晚和饥寒的威胁，会自觉地早起晚睡，不辞劳苦地经营，否则大家都是奴隶，只能消极怠工。这样做的本质其实就是把劳动者由野蛮强制下的劳动变为自觉主动的尽心尽力的劳动，大大提高了生产效率。

水木然点评：

孔子和孟子看到了人性的善，那是在没有利益冲突的时候。商鞅和韩非看到了人性的恶，那是在面临利益冲突的时候。所以，儒家和法家的观点确实是对立的，但他们都推崇管仲。管仲认为“善”和“恶”都不是绝对的，但“私”和“贪”却是永在的，自私和贪婪才是人性。管仲的高明之处就在于对人性的了解，并想办法使之得到满足。这跟西方经济学家亚当·斯密的《国富论》有异曲同工之妙，但是却早了对方将近2300年。

私营经济也是管仲率先提倡的。齐桓公曾要求将国家资源由政府垄断经营，但管仲说：“故善者不如与民分利共赢，民得其十，君得其三。”也就是说，政府不能独占资源，应该放手让民众去经营，政府只要征收30%的所得税即可。

管仲也是世界上第一个有金融概念的人，他把货币看成是流通手段，要求君主通过对货币的控制，掌握住粮食等重要商品，以影响其他商品的交易。他认为商品轻重与否，取决于这种商品的多少，常固不变的价格是不存在的，如果价格恒定不变，就无法调节流通。价格上下波动，价值规律才能发挥调节作用。谷物“被囤积则重，被抛售则轻；集中于国家则重，流散于民间则轻；货币流通得通畅则重，流通不通畅则轻；国家政令与该商品关系重大则重，关系不大则轻”。管仲还把谷物、货币从万物中独立出来，指出它们之间的关系是：“谷重而万物轻，谷轻而万物重；币重则谷轻，币轻则谷重”。

上面这段话值得反复咀嚼！至于国家如何发行货币，管仲认为第一步先在方圆 6 里的地区内做典型调查，第二步由点及面估算全国的货币需求量，以此为基础确定货币的铸造发行量。

管仲是第一个强调国家贸易的人，他大开国门欢迎各国商人，提出“空车来的不要去讨取税费，步行背东西来的不要去交税”。他还建议齐桓公专门建立款待外国商人的客舍，从此全国之商贾归齐若流水。

关键是管仲掌握了对外贸易中最微妙的技巧：为保证本国稀缺而重要的商品不外流，采取“天下下我高，天下轻我重”的措施，保持重要物资的高价，也会使天下的重要物资流入我国。而对本国的剩余商品，则采取“天下高而我下，天下重我轻”的低价政策，促其对外倾销。在一般情况下，要做到“天下高则高，天下下则下”，保持大体相同的轻重关系。这不就是人民币“贬值”和“升值”的概念吗？

在这种自由贸易方针的鼓舞下，齐国国都临淄繁荣至极：“临淄甚富而实，其民无不吹竽鼓瑟，弹琴击筑，斗鸡走狗，六博蹋鞠者。”据核算其时临淄的居民人数达 30 万之多，而当时国际上最繁华、富贵的雅典人口还不到 5 万。

管仲的经济思想中，还有一项非常超前，那就是鼓励消费，甚至倡导奢侈，这在古往今来的治国者中可谓仅见。管仲提出“俭则伤事”的观点，即大家都不消费，就会造成商品流通的减少，从而妨碍生产盈利的活动，故曰“伤事”。要如何才能推动消费？他的答案是，多多消费，甚至无比奢侈地去消费。

每当年岁低迷，民众没有本业可做时，管仲即推出宫室台榭的修建，以促进民众就业。这时候修筑宫室，不是为了享乐，而是为了促进就业。这同 2000 多年后的凯恩斯经济学又如出一辙。

但是，管仲过于注重经济和农业，甚至忽视了很多道德。比如，管仲在齐国首次设立了国家管制的“官妓”，繁华的都城临淄就试点开了 7 家官办的“女市”，其中每一市有“女闾”100 人，共 700 人，他也被认为是性产业化的鼻祖。

“官妓”有四大作用：一是增加政府的财政收入；二是有利于社会安定；三是吸引大量人才；四是送妓与敌，兵不血刃。

正是因为对商业有着如此深刻的见解，管仲也成了历史上亘古未有的经济学家。他的“自由经商”主义与西方经济学家亚当·斯密的《国富论》非常相似，他的“投资”、“消费”、“出口”是带动经济增长的三驾马车，又与凯恩斯经济学遥相呼应，堪称世界范围内经济学的鼻祖，更被誉为“中华第一相”，梁启超评价管仲是“国史上第一流人物”。这些经典理论 2000 多年后的我们还在使用。

管仲堪称古代发动“货币战争”的高手。我们讲两个小故事。

齐桓公想灭掉楚国，管仲说：“大王您出高价购买楚国特产的鹿吧！”。楚国活鹿的价格为 8 万钱一头，齐桓公就派人带了 2000 万钱去楚国大肆购买。楚王听说后开心地说：“鹿，

> 禽兽而已，楚国多的是，赶快让老百姓都去捕捉活鹿!”于是楚国上上下下、男女老少都去捕鹿了，颇有点“全民炒股（或炒房）”的意味。这时管仲让大臣隰朋悄悄地在齐、楚两国的民间收购并囤积粮食。楚国靠卖活鹿赚的钱，比往常多了五倍；齐国收购囤积的余粮，也比往常多了五倍。楚国也因此误了农时，而这时管仲下令封闭楚国的边境。结果楚国的粮价疯涨，逃往齐国的楚国难民多达本国人口的近一半。楚国元气大伤，三年后向齐国屈服。

管仲发动的另一场货币战争是“衡山之谋”。

> 衡山国盛产兵器，天下无双。管仲在起兵前一年就派人先到衡山国高价收购兵器。于是衡山国百姓纷纷放弃农业转而打铁。一年后，齐国又派人去衡山国收购粮食，当时粮价每石 15 钱，齐国却按每石 50 钱收购，这下包括衡山国的其他国家的百姓也都纷纷运粮卖给齐国。然而就在夏收前的一天，齐国突然封闭关卡、停止收购粮食和衡山国兵器。没有人知道是怎么回事。这时齐国又忽然开始对衡山国出兵。此时衡山国已经无粮可用，兵器也差不多卖光了，又不能在别国买到粮食，在经济和军事两个战场上败得精光，只得举国降齐。

“衡山之谋”说穿了其实很简单，以高价诱使敌方放弃本业，追求某种产业的畸形利润，最终造成敌人经济瘫痪。在任何时代，一种商品价格暴涨都会带来巨额利润。但除非这种利润来自于国内垄断性技术，否则那是一定会出事的。高利润会吸引相当一批人冲进去，而且，这批人往往还是能率先看到商机的精英。等到一个国家几乎全民干一件事情的时候，意味着暴利就要终结了。

这一点对我们现在仍然有很大的启示，2007 年全民炒股与此何其相似。

虽然管仲有超凡的才能，但中国却是儒家统治的社会，儒家以“贱商”著称，在《论语·宪问》中，子贡就认定“管仲算不上是一个仁者”。他的诸多经济政策，无论是刺激商贸、鼓励消费还是“以商止战”，在儒家看来，统统都是异端邪说。儒家在经济治理上只有“三斧头”：一是“以农为本”，二是“轻徭薄赋”，三是“克己复礼”。遗憾的是，这三条在管仲那里都找不到。孔子对管仲给予否定性评价，仅在“俭”与“礼”两方面，但这并没有阻碍孔子对管仲推崇备至。

管仲的改革使齐国从远离中原的小国崛起成为东方大国，齐桓公于公元前 681 年在甄（今山东鄄城）召集宋、陈等四国诸侯会盟，齐桓公是历史上第一个充当盟主的诸侯。齐桓公提出“尊工攘夷”的主张，积极展开对外活动，北击山戎，南伐楚国，齐桓公成为春秋时期第一个霸主。然而，齐国坐拥最强国力，却采取了不扩军和不兼并的“和平称霸”战略，管仲那些维持“国际秩序”的行动，并没有起到太大的作用。就在齐桓公晚期，中原的晋国和南面的楚国纷纷吞并小国，疆域不断扩大，它们的军事冒险无疑得到了更大的好处。公元前 645 年，管仲辞世，两年后齐桓公死于宫廷政变，齐国迅速让出了霸主权柄。

自此以降，相继称霸的诸侯均以武力威慑天下，“尊王攘夷”异化成了“挟天子以令诸侯”，管仲之道被暴力取代，“以商止战”的策略也正式宣告失败。管仲的用贸易来制衡战争的想法过于理想化，列国争霸只适合丛林法则。

第五节　规则与道德

如果给你一个选择，你是愿意回到从前那个“凭关系”的社会，还是愿意奔向未来那个“讲规则”的社会？

许多人埋怨如今社会的人情味越来越淡，笔者觉得他们还没有把世界看穿。

如今，如果你要想去办一件事，往往有两种选择：一种是去“刷脸”，一种是去“花费金钱”。为什么在传统中国社会“刷脸”也可以办成事呢？因为我们一贯讲究人情礼节，你来我往，这种礼尚往来成了传统社会运转的重要驱动力，这叫“关系驱动”。因此，“关系”成了传统做事的重要手腕，每个人都会延伸出一根根关系链条，这些关系链条交织在一起，构筑成一张庞大的、坚不可破的社会关系网。于是，人人都在找关系。

人情礼节，说白了就是“世俗”。在关系的世界里，到处都是好、坏、对、错。但是无论是谁，都会为自己争取最大化的利益，只是有些人总给自己打上道德的标签，于是中国出了很多“伪君子”。那么多是是非非、对对错错，谁又能说得清？因此，我们看到了中国的现状：整个社会陷入一种“人情世故”的沼泽里不可自拔。关系纠葛着利益，让整个社会的商业结构扭曲化。

而如今，情形发生了非常微妙的变化。

放眼四望，越来越多的产品、服务开始标准化。我们只要“花费金钱”几乎可以买到所有的服务。比如，专门送餐、上门洗衣、剪指甲、接车、水果配送、送货上门，等等，几乎没有花钱解决不了的事情。这叫“利益驱动”。与冗繁复杂的人际关系相比，我们更愿意信任标准化的商业服务。就拿网购来说，担保交易、评价体系、货到付款、免费退换，等等，用这些设计好的流程和约束机制来规避人性的弱点，使一切按照规则行事，透明而规范。

是的，中国今后将只按规则办事。而实际上，一个只认“规则”的社会，远远比一个只看“关系”的社会要简单得多。对于现在繁忙的人们来说，凡是能用金钱解决的问题，尽量不要去碰触关系。因为凡是你动用到关系的地方，你都会欠下相应的人情债，世间最难还的就是“人情债”。金钱可以衡量，好借好还，“人情债”真的太复杂了，它说不清道不明。

有规则的坑好填，不规则的坑最难平！

你一路欠下的这些人情债，将来都是要还的，别人帮助了你，就会记下你欠他一个人情，早晚他都会讨回来的。于是只有两种结果：你要是太讲究了自己就会吃亏，你要是太计较了自己就会落下骂名，何苦呢？所以，用金钱去解决问题，就相当于把问题简单化。既然问题简单了，那就把多余的精力放在你的事业和追求上。这个时代之所以美好，就在于它让我们有机会去做自己最喜欢的事，然后做到极致，做到真自我。每个人都最大限度地减少了对别人的依赖和求助，只需努力做好自己的本分工作，独立人格就是这样形成的。

未来的社会，一定是高度分工和协作的有机体。只有这样因势利导，才能将社会最有效的资源流通到最合适的地方去，这就是中国未来的商业文明，让最合适的人去做最合适的事，我们只需要完成我们最擅长的环节，集中我们所有的精力、思想和努力将这个环节做到极致，其他环节分工协作。

如果社会上的每个人都是这种状态，那么经济活力和商业环境也必定被推向最繁荣的状态。所以，一个社会的文明程度越高，人与人之间的关系就越简单。生产力越来越发达，生产关系越来越透明。人和人之间为了利益通过共同协商达成契约关系，或者为了取得共同利益结成联盟，再去取得更大的经济效益，这就是未来社会的人际关系，一目了然。

水木然点评：

社会发展到一定程度必然会返璞归真。

我们不用担心人类将永远丧失“道德”。因为当人人都在讲规则的时候，道德自然就会兴起。而如果人人都在标榜道德，必然道德沦丧，规则也形同虚设。

我们也更不必担心今后将没有朋友。如果在利益交往中，你发现对方人还不错，你们不妨做个朋友。因为凡是涉及利益，必可见其真心。在利益面前还能成为朋友的，那才是真正的朋友。

第六节　价值洼地

我们只知道中国 30 年间 GDP 增加了 100 倍，却很少有人知道与此同时我们的货币供应量却暴增近 900 倍。

考察一国的货币供应量，国际上一般采用 M2 指标来度量。M2 是指“广义货币”，M2 不仅反映现实的购买力（现金+支票存款），还反映潜在的购买力（储蓄存款+政府债券）。一个国家或地区经济每增长 1 元价值，作为货币发行机构的央行也应该供给货币 1 元，超出 1 元的货币供应则视为超发。“M2/GDP”被用来度量一国的货币超发程度。

在新兴市场国家，资源需要商品化，所以广义货币供应量适度高于经济发展 GDP 增长是合理的，但过高的货币供给却极易带来通胀，这是一个度的问题。

毋庸置疑的是，每次货币超发，都会寻找价值洼地去填充，然后成全一大波人。

我们现在要讨论的是：新一轮货币造富运动，把机会都留给了什么样的人？

中国一共经历了三波“货币造富”运动。

- 第一波是普通商品的市场开放与货币造富。
- 第二波是房地产的商品化和货币造富。
- 第三波又是什么呢？请看下面的详细过程。

中国刚开始改革开放时，还没有成熟的金融股票市场，更没有房地产市场，所以超发的货币只能进入普通商品领域，造成普通商品价格的暴涨。这时候所有从事普通商品行业的人，也就是那些小商小贩们都发财了，所以那时流行一句话叫“造原子弹的不如卖茶叶蛋的”。

这是因为超发的货币刺激了劳动者的积极性，因为当时中国从计划经济转型过来，普通百姓一看勤劳可以致富了，纷纷都去下海经商了，这是很积极的一面。

到了 20 世纪 80 年代末开始，由于货币一直在超发，物价开始飞涨，人们开始疯狂地把手里的货币换成实物。到了 1994 年，物价每年上涨两位数以上，已经严重威胁到社会稳定了。这个时候，政府发现必须要宏观调控了。但是要停止超发货币吗？那经济就要停止增长了。

为了物价不上涨，我们必须吹一个新的泡泡，把超发的货币吸进去。

于是 1995 年，发生了两件大事。

- 第一件大事，住房改革。
- 第二件大事，将证券市场纳入国民经济发展计划。

而万科是在 1993 年将商品房确定为公司核心业务的，据王石说，那是因为他与时任国务院副总理兼人民银行行长的朱镕基对话后，发现了本届政府要将货币超发的水灌进房地产，于是这才开始了房地产业务。将房子商品化，同时将货币注入其中，非常适合中国国情。因为中国人习惯了安居乐业，买了房子不会轻易卖，不会被抛售，比银行被挤兑安全多了。而且很多企业可以将房产作为抵押物抵押给银行做贷款，从而用来扩大生产，这也是当时的金融创新。

最重要的是，房地产能够带动上下游产业的发展，比如，钢铁、水泥、家居、家电，等等，中国的工业都是在这个浪潮中发展起来的。所以，这时超发的货币也具有很大的积极意义，它推动了中国进一步的市场化，而且产业格局日渐形成，包括制造业、工业，等等。但是，将房子作为货币超发的载体问题也是很大的。当超发的货币越来越多，房地产的涨价速度越来越快时，你拿房产抵押换来的货币去投资实业的增值速度还不如去炒房子卖，这下问题来了。

更要命的是，制造业在 2008 年本来正准备升级转型，在此背景下，却忽然来了一份 4 万亿元的大礼，在这个兴奋剂的刺激下，我们的制造业都纷纷去做房地产了。因此，很多我们耳熟能详的传统快消品品牌，其核心业务也都变成了房地产，比如雅戈尔、李宁，等等。

适度的货币超发可以刺激经济，超量的货币超发可以影响经济发展。

再看看以下数据：

- 2008 年，中国的 M2 排不上全球前三。
- 2010 年，中国的 M2 刚与欧元区旗鼓相当。
- 2012 年，中国 M2 达到人民币 97.42 万亿元，居世界第一，接近全球货币供应总量的四分之一，是美国的1.5倍，而这一年中国GDP为51.93万亿元，也就是说，此时M2与GDP的比例为1.88，创下历史新高。

因此，房价快速上涨的这几年，货币超发是主因，再加上投机因素，我们超发的货币没有流入到实体经济中去，反而一直流入到房地产中去，形成了一个恶性循环。

这些年高房价就是被大量的资金推上去的。而如果这些流向房贷和基建投资的资金都流向生活必需品领域，那国内的通胀率肯定不会这么温和。

所以，在物价疯涨的20世纪90年代，房价还比较冷静，而房价上涨最快的这些年，物价反而上涨得没那么快了。

但是，实体经济的寒冬也开始了。2010—2013年间，中国民营制造业因此倒闭了26%，这种情况一直持续到现在。

好在新政府终于及时上台，为了将产能和货币的效应往外转移，我们开始搞“一带一路”和“亚投行”。但是中国内部的问题总得解决。

中国对货币超发带来的繁荣有极大的依赖，每次应对经济减速，央行推出的法宝都是货币刺激，1992—1993年、1998—1999年、2002—2003年、2009—2010年，年年如此，在2015年的股灾，以及2016年的经济低迷时，依然还是这一招。

关键问题是中国是世界上最爱现金的民族，赤裸裸的金钱数字对于中国人有着非比寻常的魔力，同样的货币超发，在中国的经济激励效果要远大于其他国家。

于是，我们把股票的泡沫吹起来，把房地产的超发货币吸进去，资产的证券化时代开始了，牛市也出现了。

然而让人揪心的是，由于中国金融系统的不健全，使股市并不能踩着货币超发的步子在走，2015 年中期和 2016 年年初的股灾就是最好的说明。即便如此，我们从未停止货币超发的步伐。但此时货币超发已经带来很多负面效应了。究其本质，这是因为中国经济的根本问题在于结构问题，而不是供给问题。在我们的金融体系和经济结构还不完善的情况下，超发货币是非常危险的事。

进一步思考，如果在 M2/GDP 的比值上，进一步剔除人均收入的影响，将会出现怎样一个排名？

这是一个计算公式：

各国的 M2/GDP 评估系数 = (M2/GDP)+人均 GDP×1000

其含义是均衡人均收入差异后的各国的经济货币化程度。计算得出，在 M2/GDP 超世界平均水平的 25 个国家中，中国的评估系数最高，瑞士最低。有数据显示：当一个经济体的 M2/GDP 超过 200%时，其危害与修复的时间将是长期的。

回想一下当年的欧洲，各国都在大肆印钞。其中葡萄牙、塞浦路斯、西班牙这几个重债国早在 2011 年 M2/GDP 就已超过 200%，同时评估系数也属于欧洲的最高梯队。如果观察更早的 2008 年金融危机爆发前的货币供应量，我们会发现它们不约而同地出现两位数的陡增。

时至今日，这些国家的经济仍未走出低谷。

那么，接下来该怎么办呢？

货币超发是正常的经济现象，用一放一吸可以刺激生产，提高生产率，关键是看你发多少，以及你发到哪里去。眼下，我们必须将目光集中在未来，第三波货币化运动终于开始了，那就是刺激资本市场，让资本市场去吸收超发货币。

此时政府下了两步好棋：第一步好棋叫大众创业，各地都出台了创业政策；第二步好棋叫万众创新，以“互联网+”、“中国制造 2015”为代表。创业意味着吸纳资本；创新意味着科技进步，意味着转化资本。

这里还有一个吸纳资本的因素，那就是传统企业在被淘汰，新兴企业在滋生，这一过程迫切需要资本。

资本就代表着货币，新一轮货币超发，必须涌向创新型中小企业这些领域。

无论如何，这些货币不能再流向房地产。所以，2016 年一线城市房价的再度飙升，如果控制不好，就会再次错失大好的发展机会。

我们知道，很多创业公司的价值被高估，这说明创业者并不一定真的赚了多少货币，也能通过吸纳超发的货币（风投）来获得巨大的财富。

比如，京东到现在还没盈利，刘强东却可以一年拿几十亿元的分红，就是因为这个超发货币的红利。而在这一过程中，人才也在更新。很多老的企业家干脆关掉公司去做投资，然后扶植年轻人，大量优秀的年轻人会进入创新、创业的队伍中来。

如今众多的货币资本就像体内拥有洪荒之力躁动异常而无处发泄的少年，逮住一个创业公司就去发泄一番。用超发的货币去激活广大年轻人的创造力，才是这一轮货币超发的真正发力点！

所以未来最好的机会在哪里？就在创业和创新里。未来社会的财富一定是一种估值或者市值。比如你听到某人身价多少，公司估值翻了多少倍，或者套现时翻了多少倍，这才是未来创造财富的最佳途径。

CHAPTER 6

第六章

公司战略

未来的社会，一定是高度分工和协作的有机体。只有这样因势利导，才能将社会最有效的资源流通到最合适的地方去，这就是中国未来的商业文明，让最合适的人去做最合适的事。

第一节　宝洁的衰败

宝洁 CEO 大卫·泰勒终于开始承认错误了。宝洁一直把中国当成一个发展中市场，而实际上中国已经成为全世界消费者最挑剔的市场。

不错，这家迄今为止已经有 179 年历史的超级百年老店，正在为对中国的轻视而付出代价。宝洁财报显示，宝洁旗下所有产品销售量均出现下降，美容、梳洗、健康、纺织品、婴儿这五个重要的品类甚至出现了双位数跌幅。尽管它采取了各种自救措施，比如换帅（四次更换 CEO）、裁员、瘦身（砍掉 100 多个小品牌）、削减广告预算，但是在 2016 年第一季度的财报里，宝洁在全球的销售量仍然大幅下滑了 12%，创下了连续七个季度以来的最大跌幅。

宝洁总部位于美国，是一家充满传奇的公司。从一家制作蜡烛的小作坊到全球消费品巨擘，宝洁的成长史，见证了 20 世纪美国经济发展史上每一个波澜壮阔的时代。宝洁也曾经在中国市场开创神话，最早的海飞丝、飘柔、潘婷三个洗发水品牌广告同时亮相电视，可谓乱花渐欲迷人眼，是伴随中国经济增长、快消品市场壮大而成长的奇迹。

中国现在已经是全球最活跃的快消品市场。中国的电子商务、O2O 的崛起，使中国摆脱了传统商业的路径，中国的消费者选择权利越来越大，使用的路径也越来越多，这使中国商业正在走向一条前无古人的大道。都说客随主便，如果宝洁能沉下心来研究透彻这种变化规律，不仅有助于提高其在中国的业绩，更有利于宝洁抓住全球最新消费趋势。

但是宝洁却固步自封，一直未能充分重视中国市场，导致未跟上中国市场变化的节奏而消沉，更为可怕的是，这可能是一条不归路。宝洁现在面临的是全面溃败，其他市场诸如在巴西、俄罗斯等市场份额也正在下滑……

究竟为什么会这样呢？

宝洁其实是大工业时代的经典产物，所谓大工业时代，就是将人们的需求整齐划一，产品从物料采购，到设计生产、广告投放，再到销售渠道，一直到售后客服，全部被整齐地规划好，然后通过标准化的量产，使产品渗透到人们生活的各个角落。

然而随着移动互联网、大数据、电子商务的发展，产品的“定制化”正在一点点实现，人们的个性化需求被充分唤醒，越来越多的小众化产品开始满足不同人群的需求，并且消费重心开始向消费者一端转移，消费者开始以自我为中心，人们对品牌的意识逐渐淡化，对自己的内心需求越来越清醒，这导致产品本身的功能会越来越重要。

因此我们可以感觉到，中国的快消品市场正在裂变，各种各样的产品在我们身边诞生，我们很难再用统一的标准去判断一件产品的好与坏，只有它的受众群体才能去判断。笔者认为中国互联网的迅速发展，让中国的消费者被迅速分化了，他们不再是一群乌合之众，他们越来越清楚自己需要什么，过去那种大规模的广告投放，很难再去引导或者打动他们。

实际上，宝洁面临的问题，也是中国所有传统企业面临的障碍，那就是抵制不住市场诱惑，盲目扩张、过度依赖销量。跑马圈地式地打造最全的产品线，迫不及待地开发各种市场新品，但是当产品线过长、过宽，很快就会陷入一片混乱，问题是互联网搭建的各种新渠道使现在市场变化太快了，面对汹涌澎湃的消费变化，船大难掉头，只有眼睁睁地看着被各种扬帆的小船赶超。

创新维艰、定制缺失、审批复杂，是这些传统公司的通病，比如，申报程序的缓慢、层级结构的复杂。就像一位服务于宝洁的广告公司人员说的那样：“有时卖场要做一个应季的推广活动，别的品牌做得有声有色，等拿到宝洁公司的批复时，节日已经过去了。”

宝洁长期以来的思路是整合全球资源达到效率和收益的最大化。将全球视为一个统一的大市场，在全世界范围内整合资源进行产品销售，只能成为一种理想设想，面对这个越来越多元化的世界，真的是越来越难。

今后的世界，不同地区的文化、政策和市场差别只会越来越大。这恰恰给了那些本土化、小众化的产品机会，笔者反复强调过，以前的企业越做越宽，今后的企业一定是越做越深，精耕细作才是未来企业的出路。

宝洁何尝没有意识到问题所在，早在2012年，宝洁便提出削减100亿美元成本的计划，裁员超过2万名。2014年，宝洁又宣布出售、终止或淘汰至少100个品牌，每年削减5亿美元的广告代理费。在2014年，宝洁公司还砍掉了40%的代理商，节省了15%的代理商费和制作费用。随后，宝洁将金霸王电池业务出售给了巴菲特，将 43 个美容品牌打包卖给了香水巨头科蒂。

然而这并不能挽救它日渐衰败的命运……

其实，在这些工业时代的巨无霸企业里，衰落的何止宝洁，还有我们熟知的沃尔玛、索尼等。我们应该意识到传统的商业理论和经验，都不再成立了。这一切都是因为有了互联网，它把你的优势变成拖累，把你的资产变成累赘，未来我们必须做好充分的准备，迎接下一个时代的到来。

宝洁的衰变，释放了一种非常强烈的信号，也给我们指明了未来的趋势和方向，那就是未来将有越来越多后来居上的“小众品牌”来蚕食整个市场。而我们每个人，无论多么渺小，都将有机会分得一杯羹，这就是一场商业的裂变。

未来的快消品会进入一种 C2F 的模式，即消费者直接对接工厂。未来每一件产品在生产之前，工厂都知道这件产品的消费者是谁，有什么样的需求，然后为其定制生产。消费市场进一步细分化、个性化、定制化。届时“品牌”概念也许已经不复存在了，因为消费者只在意产品本身，这也是一种商业上的返璞归真，所有的价值都是为消费者而创造的，而不是为了吸引消费者而创造的。比如，宝洁公司持续投放的广告，对于消费者来说，就是一种多余的价值析出。

我们还必须看到，在中国还有很多像宝洁这样的传统公司，它们面临的问题和宝洁是一样的。

那么，究竟该怎么办？经过一段时间的思考，笔者总结了下面八个字：从后往前、层层分包。只要充分领会这八个字的含义，传统企业就可以实现转型升级之路。该如何理解这八个字呢？

我们先看前四个字：从后往前。意思是我们必须将供应链逆袭，即先尽量寻找我们的消费者，彻底了解他们的需求，然后再设计产品、采购物料，产品生产出来之后，再通过物流和快递送到消费者手里去，然后用售后跟踪服务。从后往前推导……也就是说一切以消费者的意志为导向进行生产，而不是传统的先自己研发，再生产，再投广告，这种闭门造车的思路必须摒弃。

再看后四个字：层层分包。意思是要想使公司真正做大做强，必须使公司平台化，不再自己包揽一切，而是兼顾一切。比如，宝洁的每个生产环节都要外包出去，使很多公司都能以宝洁为依托平台而揽到业务，这就是海纳百川有容乃大，万物皆不为我所有，但万物皆为我所用。更进一步来讲，宝洁可以转型为控股公司，专门收购各种有前途的小而美品牌，或者孵化日用消费品品牌，然后打包上市，获利退出。

放眼四望，中国的很多传统工厂依旧采用物美价廉和薄利多销的方式在坚守，但是时代留给它们的时日真的不多了。

第二节　董明珠和雷军的 10 亿赌注

还记得董明珠和雷军打的一个 10 亿大赌吗？双方互相不服，当时

“格力”属于强势，小米属于“得势”，双方各自坚持自己的模式，互不相让。如今仅仅过去一年多，结果已见分晓：格力和小米的业绩双双下滑！这场赌局可谓两败俱伤。

1．小米

先来看看小米的近况。作为中国最引人注目的创业公司，小米的估值曾高达 450 亿美元。小米手机曾将 2015 年的销售目标定为 1 亿部。而 2015 年第三季度小米手机发货量首次下滑，出货量为 1850 万部。

其实早在 2015 年，小米就有了下滑的趋势，当时在小米粉丝节上，雷军意气风发，号称要卖出 1 亿部手机。后来发现有点高了，于是将年度目标调整为 8000 万部。

最初小米凭借营销模式赢得了关注度，如今小米“营销神功”的光环正在褪去，不得不直面市场竞争。但由于产品本身缺乏附加值，再加上竞争对手的纷纷效仿，小米的先发优势逐渐丧失，致使其 450 亿美元的估值遭到了质疑。

小米模式可以总结为：饥饿营销+炒作宣传+低端门槛，抄袭者众多。以“抄小道”起家的小米手机，正在被 60 几家同种性质的公司在“抄后路”，而小米还没有反抄袭策略。

的确：中国最不缺的就是抄袭，抄袭是抄袭者的墓志铭！

小米的销售模式已经众所周知，与其说小米是“互联网+手机”模式的开拓者，不如说小米是第一个享受“电商渠道”红利的企业。就像联想 CEO 杨元庆曾经所说的，“我们的销售方式那么传统，从分销商、代理商、零售商，再到用户，手机渠道，40%多的利润费用被瓜分，而小米没有这些，我们怎么跟它竞争？”

然而，时过境迁，如今“电商渠道”的红利已不在。常言道：是骡子是马拉出来遛遛。一个企业到底有没有战斗力，必须在赤膊杀敌、冲锋陷阵的时候才看得出来。

由于小米缺少线下直销店支撑，一般在四级以下城市，几乎没有维修点能够处理。当用户需要到营业厅来反映问题，需要由营业厅再送到地级城市（三四级城市）售后检查，如果要返厂，一般需要至少 10 天左右。而农村用户不像城里人每人拥有多部手机，这个等待时间确实有点长。

因此，小米知名度和关注度做到了极致，但是用户的体验感受仍然非常缺憾。这使它很难追上苹果或者三星。独特的“渠道模式”曾经是小米的法宝，如今也成了小米的死穴。这叫“成于渠道，败于渠道”。

曾经“高高在上”的小米如今开始“磕磕绊绊”。

另外，小米虽然在中国家喻户晓，那是因为中国不够重视专利。而在整个欧洲，看不到一部小米手机，因为专利问题使得小米根本无法进入欧洲市场。

正是专利问题，小米在 2014 年刚进入印度时，就受到了来自爱立信的专利诉讼。CNBC 也曾在报道中指出，“在美国市场，除了专利，小米还要小心它和苹果手机极为类似的设计，这都可能给它带来麻烦。”

值得一提的是：小米的死对头华为，却逆势飞扬。2015 年第三季度，小米手机出货量为 1850 万部，而华为是 2740 万部！并且华为同比暴增 81%。这一减一增，将小米与华为的距离拉开了，一向沉默内敛的华为，厚积薄发，每一步都走得很踏实。

2. 格力

再来看看赌局的另一方——格力。

格力电器 2015 年第三季度营收同比下降 23%，这个下降程度显然不能只归结于经济形势，格力遭遇危机是不可避免的。

2012 年，格力电器顺利实现了千亿元营销目标。随后董明珠提出：“格力未来 5 年每年按 200 亿元的增长速度，可以实现 2000 亿元。”2013 年格力当年实现营业总收入 1 200.30 亿元；2014 年格力大打价格战，全年实现总营收 1 400.05 亿元。

直至如今业绩下滑情况凸显，董明珠才坦承：要完成 1600 亿元的既定目标有点吃力。事实上，早在 2014 年 6 月举行的年度股东大会上，董明珠就将 2015 年定为了格力电器的休整年。

《通信信息报》刊文指出：格力对电商渠道的不重视是其销售量和销售额双双下滑的重要原因。

新浪财经发文认为：格力错失了智能家居的转型时机。早在 2012

年年末，家电行业已然成为夕阳行业，在成本上升、竞争加剧的情况下，董明珠仍然提出要将格力做到2000亿元。强于开拓市场、打造线下渠道，使得董明珠沉浸于过去的成功之中。

早在2014年其他家电巨头纷纷转型，比如，海尔最新定位就是“互联工厂”和“创客工厂”，由“大企业”向“大平台”转变。而格力却选择了继续加码投入传统渠道，固步自封。

有人认为格力危机主要表现在以下七个方面。

- 高库存；
- 价格战的“始作俑者”；
- 消极智能化；
- 舆论环境趋于恶劣；
- 草率进入手机领域；
- “大跃进”心态；
- 董明珠的“一言堂”。

但是，“我从来就没有失误，我从不认错，我永远都是对的。”董明珠的自信与霸气无人能及。面对舆论对格力前途的质疑，她仍然坚称：“格力不仅今年没有危机，过去25年里，格力也从未遇到过危机！”

但是董明珠也声称：“已做好2015年全年销售下滑10%的打算。”

三流的企业做服务，二流的企业做产品，一流的企业做平台。如今，但凡看透商业趋势的企业家，都在努力使自己的企业向平台去转变。

大企业可以裂变成大平台，小企业可以聚变成大平台，只有成为平台，企业才可以长青。格力需要根植更多的开放思维，构建更广泛的产业联盟。在这一点上格力不如海尔。

如今，所有的传统企业都在衰变，格力只要定位不改，衰落不可避免。

总之，格力和小米，一个是根深蒂固的“强势者”，一个是飘忽不定的“得势者”。它们代表了企业在互联网时代下的两个极端行为。一个是左派，一个是右派，互相喊着打倒对方。在这场革命的大结局没有到来之前，我们只有见贤思齐，见不贤而内自省。

第三节　中国企业变化趋势

1. 未来商业模式特色

中国传统企业的所有商业模式已经失效，未来商业模式又有哪些特点呢？

第一大特点：分散和强化。“价格”曾经是我们产品的核心竞争力，我们什么都靠价格竞争，在海外更是如此。而传统大规模、低要素成本的模式已经失效，今后中国的各行各业，将更加垂直化和细分化，分工和定位必须十分明确，才能站稳脚跟。每一个企业都要思考“差异化”在哪里。

第二大特点：跨界和互联。行业之间的边界已经没有了，小米之所以能成为互联网公司，也是因为它的跨界打劫。只是因为产品基础太差，最后又脱节了。

互联，既是不同企业、不同行业的互联，也是用户与企业间的互联。传统销售，有总经销商、区域经销商、分销商、零售商，层层传递。现在有了互联网，企业就可以大胆地改造和缩减这些环节了，小米的阶段性成功就在于抓住了这一特征。

第三大特点：供应链逆袭（这一点我们已经在前面章节论述了）。

总之，以前是工厂先做研发，大量生产出产品，然后再通过各级经销渠道销往全国，而今后是消费者先向工厂下单，工厂必须按消费者需求去做定制化和个性化生产。以前是从生产到消费，今后是先有消费再有生产，供应链开始逆袭了。

小米的预售其实就是这个道理，只是它的生产过程依然粗放，小米的产品并没有真正地满足人们日益增高的消费需求。

所以，无论多么前瞻的商业模式，没有优秀的产品做根基，依然随时会倒塌。

第四大特点：产品的品牌化。我们的产品有 40%的业务是来自于海外，其中有一半是 OEM（贴牌生产），我们必须向 OBM（自有品牌）转型，而中国制造业的用工成本足以去做品牌了。

2. 未来企业变化趋势

那么，未来企业是怎么样的呢？

（1）产品中心

企业所有的组织结构围绕着用户来设计，现在的企业是由管理部、生产部、销售部、人力资源部等构成的，既然未来以用户为中心，就需要有一个产品中心，产品中心必须与消费者直接对接，它应该设有客服、物流、展示、售后等分支，它将成为一个极其重要的部门。

（2）电商化

正是由于与消费者的直接对接，所有今后的企业就很容易电商化，今后淘宝、京东这种平台不再是企业产品的主要销售渠道，而是通过用户和企业的对接平台，完善支付和物流系统，自建一套电商渠道。

（3）大数据系统

对于今后的企业来说，最有价值的部分就是自己掌握的消费数据。通过大数据，可以知道细分的消费者群体的细分喜好，甚至洞察消费趋势。而且数据化的管理，将使我们的仓储、物流成本大大降低。

（4）平台化

正如我们前面所言，企业真正的出路在于平台化。建立自己的平台，用来解决订单、支付、客服、物流、售后等问题。因为平台具有扩张性，相当于建池塘养鱼，一旦成为一个生态体系，就会自我繁殖。

（5）薪酬体系

以前企业给员工发工资，以后是消费者给员工发工资。因为企业组织结构调整好之后，就如同现在的淘宝商家刷好评一样，消费者的体验会直接决定一个员工的价值。

总之，这是一个大浪淘沙的年代。不得不感慨：在互联网时代，无论你是“向来强势”还是“一时得势”，如果不能真正地顺应时势格局，很快会被打回原形。

第四节　原始积累

在中国，最短、平、快的成功方式就是“复制（抄袭）”。

传统年代，我们抄袭产品；互联网年代，我们抄袭模式。

无论你多么投机，凡是被你抄袭的，都只是表面。因为一旦你真正领悟到一个企业的成功方式之后，你就不会抄袭。抄袭的都是表面，抄不走的才是真谛。

下面我们用“小米”和“三只松鼠”作为例子，因为这两家公司总是被外界反复学习模仿，然而它们真正的原始积累却很少被外界提及。

1. 小米

不可否认，小米的发家本身也属于山寨，因为它在产品设计方面都是直接“模仿”和“复制”的。但是小米的瞬间成长，并不是很多人想象中的那么简单，比如归结为“饥饿营销”，等等。

雷军当时要做手机，他既没有客户，也没有用户，于是就自己搭建了一个网站，基于安卓做一些系统优化，然后在各大论坛里面 3C 数码版块注册了很多的马甲在里面聊天、发评论、发帖子，和其他人成为朋友，并将其拉到 MIMU 论坛里面。

这不是最重要的，最重要的是，雷军把这些人按照归属地分类。在每个城市建立 MIMU 同城会，每个月至少要在一个城市开一场同城会，大家都是手机发烧友，都很喜欢刷机，都很喜欢新款的 3C 数码。那么，大家聚在一起聊一聊，你想要什么样的手机，你对你的手机功能有哪些不满。比如，现在的手机通话久了经常发热，我想要的功能无法实现，等等；只要你吐槽，很快 MIMU 就可以实现这样的功能，可以下载使用，这种交互体验是非常好的。小米用了三年的时间在全国建立了同城会，聚集了百万忠实的会员，其中雷军本人就通过粉丝同城会，见过数以万计的粉丝。

所以，在小米成立之前，雷军就已经开始做了三年的 MIMU 系统。这一段埋头苦干的经历很少被模仿者提及。那个时候的雷军已经很成功了，作为一个投资人，他之前已经在金山拿到了股份，金山上市，他的个人资产已经非常高了，坐拥数亿身价，但他还能够出现在城市中，跟发烧友坐在一起，去讨论、去研究一些东西，这才是一种创业精神。

后来，在雷军做第一款手机的时候，其实已经跟这些用户交互了三年，他们本身一直渴望出一款符合自己需求的手机，而雷军早就抓住了这批人的消费需求点。于是雷军的第一款手机 10 万部瞬间就被抢光了。100 万有需求的用户，然后卖了 10 万部，这个转化率只是 10%，真的不算高。

所以从本质上来讲，小米手机做的不是“饥饿营销”，10 万台手机是长期积累的结果，并不是瞬间爆发的。小米的所谓“极致体验”，其实是它前期聚集了 100 万的粉丝和会员，才有了后续的一切。

小米走的是“轻资产”和“网络渠道”。所谓的轻资产模式就是像苹果一样，我只做浅产品、研发、前端，占有用户，所有的后端全都转包给第三方做，因为中国做代加工的工厂很多，完全没有必要自己去生产。然后通过独立官网去销售，这样就可以把用户群圈起来，形成粉丝经济。

这些模式相信大家都懂得，也都在模仿。但是小米起家的过程，也就是雷军的那三年做 MIMU 系统的埋头苦干经历，才是小米成功起步的关键点，却被忽略了。

也就是说，小米手机推出之前，这帮手机发烧友就已经积累了很多，只不过雷军幸运地将这些人整合起来了，如果论及雷军所说的“站在风口上，猪都能飞起来”，这句话是为了顺应大势，那么小米真正顺应大势也是“互联网聚集性”的大势，并不是所谓的什么“饥饿营销”。“饥饿营销”根本称不上是一种新的商业模式，包括后来的“单品海量”、

“极致产品”等互联网思维，其实都只是结果而已。

2. 三只松鼠

三只松鼠的创始人是章燎原，他在做三只松鼠之前，在坚果行业内干了有十几年，非常精准地抓住了坚果行业的规律。

有些农作物一种下去就是三年，三年中不可能给砍掉，所以今年种植面积是多少就是固定的，未来三年的种植面积也是这样的，不会有大的变动。所以如果说丰收，未来三年都丰收；如果减产，那么未来三年都减产，这里存在一个“小三年”或“大九年”的周期，这是整个行业的周期变化规律。章燎原对上述的规律可以说是了如指掌，这也为三只松鼠后来的成功奠定了基础。

从 2011 年年底开始，整个坚果市场开始供需不平衡，价格一路下跌。章燎原选择了一款看似非主流的产品——碧根果，他囤积了很多碧根果，准备等价格回升的时候，用这个产品撬开整个坚果的电商市场。

到了 2012 年 6 月，坚果价格开始大幅回升，这时“三只松鼠”的店面也开始上线，上线之后先做了一款“碧根果”小包装，定价 19.9 元，全国包邮。因为碧根果价格呈上涨态势，此时别的商家即使卖 29.9 元，哪怕不包邮也是亏的，所以与“三只松鼠”无法竞争。

在产品供大于求时，低价买进囤货，等产品供给不足时，再用相对低价的方式卖出，从而占领市场，这才是其最核心的商业模式本质。正是这一款产品奠定了三只松鼠的成功，19.9 元打了半年，一直打到“双·十一”、打到过年。这样就使“三只松鼠”占有了电商的坚果市场。

别人没有货，三只松鼠有货，而且它的货成本极低，这一款产品就让它占据了食品、零食、坚果、碧根果四个词的流量资源，只要搜索这四个词，它总是排名第一。

第二年，三只松鼠通过上面那一款产品，把其他的产品都带起来了。此时整个电商平台，不管是大的搜索、大的流量入口，还是从细分品类的流量入口，全部都是三只松鼠第一，没有人能跟它竞争。

总之，章燎原对行业规律深入了解，才是商业的本质。无论是做电商还是做其他的传统产业，一定要回归商业本质，回归基本面，找到自己的优势才是最重要的。

当然，三只松鼠后面也获得了融资，这使它用大钱去做推广，从而使消费者把坚果类产品与三只松鼠几乎划了等号，这就是品牌的效益。作为阿里平台坚果类产品第一名和销售额超过 10 亿元的企业，对三只松鼠的报道可以说充斥坊间。其中大多将其成功归纳为娱乐营销、爆款思维，抑或跨界营销等，这些都是表面。创始人章燎原在行业修炼 10 年，深谙行业规律，成功进行反周期操作，才是他成功的根本。

所以，很多的“创业者”一直在模仿“成功者”，但是这些后来者却一直没有居上，很多品牌还是昙花一现。

我们应该学习和关注“成功者”之所以成功的本质，而不是直接去模仿他成功之后的行为。再者，我们不能只关注别人，而忽略了自己。你有什么独到的资源？你在哪方面比别人懂得多？你在哪方面非常擅长？你是资金充裕、团队扎实还是擅长营销？等等，这些问题必须先弄清楚。成功没有现成的“方法论”，所有的成功都是顺应外界需求，然后结合了自己的长处，找到存在的价值。

成功不是寻找和模仿，成功是发现了你自己！

第五节　ZARA 的崛起

ZARA 作为全球年轻人追逐的时尚品牌，更是西班牙人的骄傲，因为它给这个落寞的欧洲国家带来了活力，老板奥特加甚至一度成为全球首富。

但是很少有人知道，这一国际时装巨头总部并不在繁华喧闹的首都马德里，而是位于西班牙西北部一个名不见经传的小镇——阿尔特索。然而这个小镇却控制着一个遍布全球 80 多个国家、拥有 7000 多家店铺的庞大网络，时刻掌控着全球快时尚风向标。

ZARA 究竟是如何实现在中国服装行业大小通吃的呢？

1. 快速反应

当电影或电视媒体中出现新的流行元素时，ZARA 只需几天的时间就可以完成对歌星的装束或顶级服装大师创意作品的模仿。从流行趋势的识别到将迎合流行趋势的新款时装摆到店内，ZARA 只需两周的时间，而传统生产方式下这个周期要长达 4 ~ 12 个月。

因此 ZARA 在快速消费品领域里创造了一个供应链的神话——ZARA 每年设计 18 000 个新样式，平均每 2 ~ 3 周就能够有新款上架，它可以做到 7 天生产、14 天下柜、30 天上柜，每年共推出约 50 000 种新款时装。另一个时尚品牌 GAP，一年也只能推出 4000 款。

ZARA 可以快速捕捉到顾客偏好并迅速做成服装，然后送到世界各地的分店，西班牙《国家报》报道说："设计师在电脑上设计的一件服装最快在两到三周内就可以到达顾客手中。"

当然，与之相匹配的是 ZARA 的设计速度，几百名设计师默默无闻地工作，平均 20 分钟就可以设计出一款衣服，这是 H&M 设计速度的 4 ~ 6 倍。因此 ZARA 对时尚的反应能力无人能及，那么 ZARA 是如何精准地搜集这些碎片化的时尚元素的？

2. 时尚捕捉

ZARA 的设计师是典型的"空中飞人"，他们经常坐飞机穿梭于各种时装发布会之间，或者出入各种时尚场所。因此 ZARA 的设计灵感大多来源于酒吧、秀场、时装周等时尚前沿阵地，通常，一些顶级品牌的最新设计刚出来没多久，ZARA 就会发布和这些设计非常相似的时装。

这样的设计方式能保证 ZARA 紧跟时尚潮流。也因此每年 ZARA 都要向那些顶级品牌支付几千万欧元的罚款。ZARA 并没有因此放弃这种设计模式——ZARA 从中赚取的利润要比罚款高得多。

除此之外，收集时尚元素的最佳地方是店铺，因为只有在店铺才能了解顾客的需求。店铺提供销售数据，再将其递交给店面经理，店面经理整理完毕后将结果交给设计部门，设计部门按照顾客需求设计出款式，再将其递交给商业部门去评估成本和价格，之后再开始打版制作。

因为顾客对于时尚的需求是变化的，从店铺收集的资料是具有时效性的，因此，这也就意味着设计师们不再对设计起决定性作用，而是需要洞察消费者的心理需求，这是一种倒行逆施的设计理念。

因此 ZARA 虽然不是时尚的第一倡导者，却可以依靠店铺收集当下流行趋势，以最快的速度把当下的流行变成现实。有人称“ZARA 是一个怪物，是设计师的噩梦”，因为 ZARA 的快速反应无疑会使大牌设计的溢价值大大降低。因为无论多么大牌的服装，从设计到上柜的周期至少达到 6 ~ 9 个月甚至更长，所以他们都不得不努力去预测几个月后会流行什么、销售量会有多大，而最后结果往往是滞销的商品剩下一大堆，畅销的又补不上，只能眼看着大好的销售机会流逝。

3. 强物流

很少有人知道 ZARA 物流仓库（是亚马逊的 9 倍），仓库门口都会有无数的货车每天两次将产品运输到欧洲其他地区或者机场。ZARA 在物流方面，所有的远程运输都是飞机，而不用货船。它们甘愿支付高额的运费而不愿意支付广告费和市场营销的费用。

ZARA 的配送系统也十分发达，大约 20 千米的地下传送带将 ZARA 的产品运送到西班牙拉科鲁尼亚的货物配送中心，该中心拥有非常成熟的自动化管理软件系统。为了确保每一笔订单准时到达目的地，ZARA 利用光学读取工具进行产品分检，每小时能挑选并分检超过 60 000 件的服装。物流中心的运输卡车依据固定的发车时刻表，不断开往欧洲各地。ZARA 还有两个空运基地，通常欧洲的连锁店可以在 24 小时之内收到货物，美国的连锁店需要 48 小时，日本在 48～72 小时之间。在信息化手段的干预下，ZARA 出货的正确率高达 98.9%，而出错率不足 0.5%。

纵使花费了高昂的成本去追求快速，但是 ZARA 通过其他方面的优势依然使毛利率和净利率与 H&M 不相上下，而且 ZARA 也不愿为了提高利润率去节省上述成本。ZARA 更着重于快速、灵敏的反应速度，达到了所有时尚品牌和零售商都前所未有的高度。

笔者认为，正是因为 ZARA 的反应速度、设计速度和物流速度都有很大突破，所以 ZARA 总部仓库里的所有衣服不会停留超过 3 天，店铺每周会向总部下单两次以补充产品，存货周转率比其他品牌高 3～4 倍。而且平均每季只有 15%的衣服需要打折出售，其他品牌则为 50%。

4. 不营销

ZARA 品牌管理策略，有一个著名的“三不”原则——“不做广告、不外包、不打折”。这一点非常另类。ZARA 的广告额只占销售额的 0.3%，远低于行业 3%～4%的平均水平。另外，ZARA 折扣的种类一般只占总品种的 10%不到，并且一般只打 8.5 折。

不在广告宣传上做较大投入，但却注重商店所在的地理位置，经常选择城市黄金地段开设店面，这些旗舰店往往外观豪华，面积也大，能给消费者带来一种独特的购物体验。

每一种款式在同一家店面的数量很有限，而且每款设计在旗舰店的摆放周期不超过两周。这种人为造成的“稀缺”能给消费者带来两种印象：一个是这个店面的服装销售得很快，另一个是店面的服装总是新的。

ZARA 非常重视橱窗设计，让橱窗成为最有效的广告。正如 ZARA 的创始人阿曼西奥·奥特加所言：“时尚就在大街上。街道就是展示时装最好的 T 台。ZARA 就是时尚。”

因为将店面作为展示的窗口，顾客也会乐于把逛 ZARA 当成一种发现时尚的乐趣。有统计显示，顾客平均一年去 ZARA 17 次，其他品牌只有 4 次。

另外，ZARA 并不讲求每种款式生产更多的数量，而是注重款式的多样性。笔者认为 ZARA 每一款服装的生产数量都非常小，这就人为地创造了一种稀缺。越是不容易得到的，就越能激发人们的购买欲望。ZARA 执行永远“缺货”的策略，对于同一种款式的服装，零售店的库存一般只有几件，或许由于你的一时犹豫，从而错失了最终拥有它的机会，因为你明天看到的也许是摆放一新的货架。这种最初的懊恼，换来的是顾客再次光顾时果断的购买速度。

5. 大数据

IT 系统已部署到 ZARA 的每个门店，每个店有自己的货单，但法国店的货单就和意大利店不一样。这是一种非常个性化的做法。

门店经理则负责查看店中的货品销售情况，然后根据下一周的需求向总部订货。总部通过互联网把这些信息汇总，发给西班牙的工厂，以最快的速度生产和发货。门店经理自己决定应该进什么货；ZARA对门店经理的考核，则是看该店的销售有没有上升，如果出现货品积压，就由门店经理为这些库存埋单。

ZARA 有一个全天候开放的“数据处理中心”。每一个零售网点都可以通过该系统追踪销售数据。此外，顾客的反馈也能在系统上反映出来，ZARA 能够很快发现哪些款好卖，哪些款滞销。

走进 ZARA 店内，柜台和店内各角落都装有摄影机，店内经理随身带着 PDA（Personal Digital Assistant，掌上电脑）。当顾客向店员反映：“这个衣领图案很漂亮”、“我不喜欢口袋的拉链”，这些细枝末节的细项，通过 ZARA 内部全球资讯网络，每天至少两次传递资讯给总部设计人员，由总部做出决策后立刻传送到生产线，改变产品样式。

这样的做法大大降低了存货率。同时 ZARA 分析出相似的“区域流行”，在颜色、版型的生产中，做出最靠近客户需求的市场区隔。

H&M 一直想跟上 ZARA 的脚步，却成效不彰，这是为什么？

因为 H&M 的供应链中，从打版到出货，需要 3 个月左右，完全不能与 ZARA 的两周相比，无法支撑大数据供应的庞大资讯。大数据运营成功的关键是资讯系统要能与决策流程紧密结合，迅速对消费者的需求做出回应、修正，并且立刻执行决策。

在笔者看来，ZARA 创造的是一个全新的商业模式，追求的是“高速度、小批量、多款式”，这三大特征才是快消品行业的大势所趋，当然这也是一个完完全全基于顾客需求的商业模式。

6. 金融链

ZARA 在全球绝大多数的生产都是外包给第三世界的加工厂来做的。它自己业务的核心是品牌设计和渠道拓展。当然其他很多品牌也是这样做的，但是 ZARA 的精髓并不在此。

中国的很多做代加工的工厂总是被库存回款所拖累，所以与品牌的衔接性太低，供应关系非常脆弱，但是 ZARA 分布在全球的 2000 多个加工厂却可以做到随时开工，它是怎么做到的呢？

ZARA 打通了和供应商的金融关系，使与它合作的加工厂不再需要为资金而烦恼。比如，某下游加工厂需要生产出价值 2000 万美元的产品提供给 ZARA，一旦缺少资金，这个工厂就无法运转。如果按照传统金融业态的方式，这个加工厂需要独立去银行担保贷款，而银行需要办理抵押手续，非常麻烦和周折。

而 ZARA 可以为它在全球的 2000 多个核心供应商提供最快速的在线融资。在基于端到端的电子化的系统上，ZARA 的供应商只要提出一个申请，总部就会从香港或者新加坡，根据相应需求调拨资金直接汇到他的账户上，24 小时就可以完成这样一笔融资，不需要任何复杂的手续。世界各地的加工厂不再需要为资金而烦恼。

这些资金来自于高效、发达的资本市场，ZARA 显然搭建了一个更高层次的金融环节，这也促进了整个 ZARA 生态圈的快速成长。ZARA 获得了与所有供应商合作的管理体。

所以，今后一个组织的核心在于整合更高层次的生态圈。未来不再是价格、技术之间的竞争，而是生态圈之间的竞争。笔者认为生态圈的模式应该是这样的：物流是基础，信息流和资金流是支撑，商业文化是顶层。这才是未来组织的竞争力所在。

第六节　神秘的华为

我们都知道，像阿里巴巴、百度、腾讯这些表面看上去的巨头，都是受外国资本操控的，而华为不仅是一家百分之百的中国民营企业，还是一家没有上市圈钱的公司，并且已成为全球通信产业的龙头。

全球已经有超过 20 亿人每天使用华为的设备通信，即使在 4G 技术领先的欧洲，华为也有过半的市场占有率。它应用在全球 140 多个国家，全球 1/3 的人口在享受华为的产品和服务。

华为究竟有多牛？我们来给大家做一个分析。

华为最牛的地方是它可以做到不上市、不融资，业绩却超过 BAT 这类公司。它融的是员工的心，融的是核心力，这才是未来企业的真正出路。

在任正非眼中，搞金融的人光靠数字游戏就能赚进大笔财富，真正卷起袖子苦干的人却只能赚取微薄的工资，这是全世界最不合理的事。所以他坚决不让华为上市，宁可选择把利润分享给员工，这造就了华为的向心力。

华为没有上市，而是把 98.6%的股权开放给员工，创办人任正非只拥有公司 1.4%的股权。华为所挣的每一分钱都是大家的，都是合伙人的，它现在有 82 000 多名合伙人。2000 年网络经济泡沫时期，IT 业受到毁灭性影响，融资出现空前困难。2001 年年底，由于受到网络经济泡沫的影响，华为迎来发展历史上的第一个冬天，此时华为开始实行名为“虚拟受限股”的期权改革。

虚拟股票是指公司授予激励对象一种虚拟的股票，激励对象可以据此享受一定数量的分红权和股价升值权，但是没有所有权，没有表决权，不能转让和出售，在离开企业时自动失效。虚拟股票的发行维护了华为公司管理层对企业的控制能力，不至于导致一系列的管理问题。

以 2010 年为例，华为净利达到有史以来最高的人民币 238 亿元，配出了一股人民币 2.98 元的股息。若以一名在华为工作 10 年绩效优良的资深主管为例，其配股可达 40 万股，则该年光是股利就将近人民币 120 万元。这个数字，甚至比许多外商公司的高级经理人的收入还要高。

1. 在产品方面

市场研究公司 Kantar Worldpanel ComTech（简称“KWC”）发布的最新数据显示：在 2015 年 12 月至 2016 年 2 月期间，苹果 iPhone 手机

在中国市场的智能手机销售份额两年来首次遭遇下滑，幅度为 3.2%，最终停留在 22.2%。而华为在中国城市的智能手机份额是 24.4%。

任正非说：再不可以忽悠中国消费者了。什么“物美价廉”，什么“让消费者享受低价”，等等，这些东西都是靠不住的。提升产品品质，需要巨大的投入和决心，需要几十年厚积薄发。你一味低价，就没有好产品。而消费者根本的需求是好产品，是高品质的产品。企业满足不了他们的需求，就把他们逼出中国，到日本等国去抢购。

2. 在研发方面

华为足以让中国所有的企业无地自容，因为华为有 10 000 名博士、几十名俄罗斯数学家。华为用它今天的成果向我们证明，只有静下心来做研发企业才有长远前途。

我们都知道中国台湾地区的企业很注重研发，那么我们先来看看台湾的科技企业前五名投入的研发经费有多少。

台积电研发经费 568 亿台币，富士康研发经费 489 亿台币，联发科研发经费 433 亿台币，台联电研发经费 137 亿台币，纬创研发经费 134 亿台币。

而 2014 年，华为研发经费 400 亿元，2015 年，华为研发经费预计 500 亿元！

它远远超过台湾的台积电+富士康+联发科+台联电+纬创的总和。

以投入的研发经费计：华为最近 10 年研发经费已经达到 1900 亿

元，从这个数据上看，如果华为在日本，仅次于丰田，排第二，远超索尼的 50 亿美元；如果华为在德国，仅次于大众汽车，排第二，远超西门子的 55 亿美元。

2015 年，华为甚至进入了世界各国非军工企业研发经费前 10 强。

请再看一组数据：中国 A 股 154 家化工企业的研发费用支出总额为 56.2 亿元。其中，中国石化以 12.9 亿元的研发支出排各公司首位，对应净利润为 474.3 亿元。166 家机械设备企业的研发费用支出总额为 172.7 亿元。三一重工以 12.9 亿元的研发支出排各公司首位，中联重科、振华重工分别居第二和第三位。而中国 A 股 67 家医药行业上市公司的研发费用支出，总计约为 53.56 亿元。“十二五”期间，国家拨款给数控机床的研究经费总规模或将达到百亿元，也就是说平均 1 年 20 亿元，不到 4 亿美元。

那再与华为对比一下：华为仅 2014 年的研发经费就是 400 亿元。也就是说，华为的研发经费，比 A 股 154 家化工+166 家机械设备+14 家机床业+67 家医药的近 400 家企业的总和还多几十亿元。

再看看 BAT 的研发经费，研发投入比例最大的百度为 70 亿元，腾讯阿里估计是百亿元，总额 270 亿元，2015 年 BAT 的研发经费总和，都不能与华为相提并论。

另根据 2006—2015 财年财报显示，过去 10 年，联想累计投入研发成本 44.05 亿美元，尚不及华为 2015 年 1 年的研发支出。

华为注重研发的最直接结果，是它已经拥有了 3 万项专利技术，其中有 4 成是国际标准组织或欧美国家的专利，因此其在 100 多家各种标准组织中担任了主席、副主席、董事、各子工作组组长、报告人、技术编辑等至少 90 个职务。

3. 论生态搭建

很多人可能认为：阿里、腾讯、小米都在做平台，华为搞的却是产品，想想空间不够大，但是未来最好的平台就是产品。

什么叫平台？说白了就是做社会各行各业的基础设施，变成阳光、空气和水、公路、铁路，让别人离不开你。而华为不仅用手机做成了一个大平台，更是一种生态系统。

华为的产品线，范围已经覆盖了 ICT 的全产业链。ICT 是什么？就是信息、通信和技术三个英文单词的词头组合（Information Communication Technology），简称 ICT。

21 世纪初，八国集团在冲绳发表的《全球信息社会冲绳宪章》中认为："信息通信技术是 21 世纪社会发展的最强有力动力之一，并将迅速成为世界经济增长的重要动力。"显然，所有的互联网企业和用户，都离不开 ICT。截至 2015 年 8 月底，华为已经在全球建设了 660 个数据中心，其中 255 个是云数据中心，这才是人类未来真正的生态基地。

我们可以这样认为：BAT 和小米这些互联网生态企业，本身就是华为 ICT 生态圈的一部分。华为目前在为全球 30 亿人口提供 ICT 服务。

再放眼世界 500 强企业，9 成的中国企业是靠原物料、中国内需市场等优势挤入排行榜，或者依靠上市运作去圈钱，而华为，靠的就是技术创新能力，以及海外市场经营绩效获得今天的成就。当过去的通信产业巨擘摩托罗拉、阿尔卡特朗讯、诺基亚、西门子等都面临衰退危机时，它却在过去的10年间年年成长。

如果中国没有了阿里巴巴，腾讯和京东在电子商务上将分分钟取而代之；如果中国没有了百度，360可以迅速取代；然而如果中国没有了华为，则没有任何一家公司能够替代。

事业越大，心态越淡定。任正非的低调和平常心不是常人所能理解的，所以72岁高龄的他还深夜独自在机场打车。按照任正非这样的身份、地位，他完全可以选择助理、保镖前呼后拥，走VIP通道，豪车接送。

任正非出身于贵州的贫寒家庭，家中有7个兄弟姊妹，身为老大的任正非，从小就学会要与父母一同扛起责任，真正体会到了中国底层人民的苦难，并将自己深深地作为其中一员，这就是中国企业家最缺少的感恩情怀和平常心。

华为之所以成为在国际高端市场里树立旗帜的中国企业，很大程度上归结于掌舵人任正非的战略境界。任正非在1987年创办华为时已经43岁，这个年龄的人性格和价值观都已固化，然而任正非却总能与时俱进，最难得的是他还能保持一颗异常冷静的大脑，不人云亦云和随波逐流。

4. 任正非语录

任正非一生刻意低调，身世异常神秘。关于他的个人经历流传着很多种版本，但他从来没有正面回答过，就连与他朝夕相处的高层管理人员也是一知半解。他到底在学习什么？思考什么？现在我们只有通过他的言论来窥探他的神秘性。

> 在大机会时代，千万不要机会主义，我们要有战略耐性。

这句话同雷军的那句“站在风口上，猪也能飞起来。”是两种完全不同的指导思想，在风口上做猪只能风光一时，却不能风光一世，实践已经证明：猪早晚都会摔下来！只有死鱼才随波逐流，活鱼都是逆流而上。

> 在将苹果、三星、小米作为目标时，不要迷失自己！我们不要让别人牵着我们走，不要只看到别人成功，就重走别人的路，要找找自己该走什么路。

这是任正非2014年说过的话，当时的小米如日中天，苹果高高在上，三星是传统大帝，当时中国人只能仰视，将其捧得高高在上，恨不得全部伏地跪拜，只有任正非是冷静的。

如今苹果的产品iPhone、iPad、Mac销量全线下滑，2016年4月27日凌晨苹果公布了2016年第一季度的业绩,收入同比减少了12.8%，利润也下滑了22.8%，几小时内股价下跌超过8%，2016年4月27日将成为人们日后分析苹果时的转折点。小米就更不用说了，早已从中国第四大市值的互联网公司的高位上掉了下来。

而华为有了任正非的这一思想做指导，所以才处于稳步增长的状态，发展节奏才没有被打乱。

2016 年 6 月 21 日华为宣布 MateBook 全面登陆美国市场，这一消息不仅振奋人心，更让我们看到了一个中国企业的笃定与自信！

> 当我们像乌龟一样在爬的时候，中国可是四处都是鲜花，我们全当作没有看到，至今还要艰苦奋斗。华为公司要坚持跑马拉松，要具有马拉松精神，慢慢跑，要持续盈利。

在互联网时代，忽然蹿红或者忽然冒尖并不是最难得的，因为互联网给了我们每个人这个机会，关键看你有没有这个运气。而最难得的是持续维持某一高位，并且持续向上走，这就要看你的实力和积累了。

然而真正能明白这个道理的人寥寥无几，大家都在追求瞬间的爆破，鲜有沉下心来做事的人。切记：别人浮躁时你淡定，别人喧哗时你思考。

> 互联网是促进实业、服务……的进步，并不是仅指网络本身，别让互联网引起你们发烧，我希望不要把自己泡沫化，走偏了。大家一定要相信汽车首先必须是汽车，金融必须首先是金融。

虽然中国一波又一波的 O2O 企业倒闭，P2P 也不断崩溃或跑路，但是中国互联网的泡沫并没有因此而变小，跟风者一批又一批，纷纷前仆后继地倒下了，大家都在争着赶热潮、抢风口，就是不愿意踏实地做产品。

> 你们说电商要卖2000万部手机，纯利润是1亿美金，一部手机赚30元，赚个几亿美金就开始牛起来了，这算什么高科技、高水平？

检验一家电商平台发展水平的不是你的营业额，而是你能否高效地将生产商和消费者对接起来，从而促进生产商革新技术，提升产品质量。平台的营业额再高也都是商家经营出来的，如果平台以营业额论英雄，那只能说明它们从中扒得太多！

> 我们与京东、阿里是不一样的，我们能控制交易质量，而且有一把知识产权大伞罩着全球市场。仅仅是一个交易平台是有一定风险的。

平台化确实是未来企业最好的出路，然而最好的平台就是产品。笔者认为产品和平台是相辅相成的，并不是我们为了做平台，就不去做产品。

> 你们说现在中国做手机的小厂家有几百家，价格都非常低，你们想把最好的手机控制在适当的范围内。若按你们这个原则，爱马仕早就垮了，但现在垮掉的是小厂家。

所谓的物美价廉、薄利多销的时代已经过去了，中国的消费者已经成为世界上最挑剔的消费者，他们越来越明白自己需要什么，传统的营销理论和广告引导早已对他们失效，中国经济的矛盾已经升级成为消费者日益增长的高品质产品的需求同落后的传统生产结构之间的矛盾。

这个时代是知识经济时代，人类创造财富的方式发生了根本的改变。互联网使人的创造力得到极大的解放，如何利用组织和管理去激发人的潜能是第一位的。

任正非独具慧眼地看到了时代变革的本质，那就是“以人为本”的时代正在到来，无论是创业还是管理，都必须有效地发挥人的长处和潜能，而不再是依靠强制性或者大家的服从性。

华为没有成功，只是在成长。只要20年以后我们还活着，就是“一览众山小”!

最好的成长是循环，只有循环才能生生不息，如果设置一个终极目标，总有一天会走向衰落，伴随企业稳步增长的应该是企业家的一颗平常心，并且不为外界所动。

此人应该有精神病，建议送医院治疗；如果没病，建议辞退。

华为一名新员工，刚到华为时，就公司的经营战略问题，写了一封“万言书”给任正非，任正非就是用这句话做的批复。一个人刚进组织，在还没有融入大家的情况下，就评头论足，不是非分之想就是大脑短路了。

如果邓小平到华为公司应聘，我们是否录用？毛泽东会打枪吗？谁见过毛泽东打枪？他要打枪恐怕要打到自己的脚趾头上。但是毛泽东会动员群众，会动员干部!

这是任正非问华为人力资源部员工的一个问题。我们在用人的时候，不能只看到对方有多么强大就想着要纳入帐下，一定要考虑让对方来做什么，我们能不能给对方充分施展才华的空间。所以邓小平不是不能用，但是先要考虑清楚用来干什么。笔者认为各尽其才才是用人的最高境界！

> 政府什么也不要干，政府只要把道路修好、把城市绿化好，就是对企业最大的帮助。

这是 1999 年内地某副市长来华为考察参观，问任正非政府应该做些什么才能帮助企业发展时，任正非回答的一句话。

今后的政府只需要搭建好公共设施平台，并且维护好社会运转的秩序，就是一件非常了不起的事。上帝的归上帝，凯撒的归凯撒，让企业自主地去负责经营，政商分开，一切都会明朗化，让大家各行其道，人车分流。

第七节　跨界互联

1. 大工业时代

300 年以来的三次工业革命，把人类引入了大工业时代。

大工业时代的使命是为人类搭建各种基本设施，包括硬件、资源、设备、产品，等等，通俗地说就是为人类搭建舞台，让世界硬朗又开阔。

如今舞台已经搭建完毕，而我们也迎来了第四次工业革命。未来是一个高度协作、跨界互联且链接无处不在的世界，每一个人、每一份信息、每一件商品，都是价值链上的一个重要的节点，无数条价值链细而不脆、繁而不乱，支撑着一个全新的世界。

世界正在由坚硬变得灵动：价值多元化、财富流动化、分工细致化、产品定制化、组织扁平化。

数据和信息开始反作用于物质现实，并逐渐掌控世界运作，显然这是一场新的疆界开拓运动。那么，中国凭什么错失了前三次工业革命，却又还能跟美国站在同一条起跑线上呢？我们先抛开军事、经济、文化等其他因素不谈，就凭中国现在互联网的进程和完善程度，就足以向美国叫板。

按照我们上面所说，人、信息、商品三者链接起来可以发挥 1+1 大于 2 的综合效应。因为人与信息、人与商品、信息与商品是可以相互作用的，一旦链接起来，就可以发生裂变和聚变的效应，瞬间聚合、张力无限。

2. 三分天下

中国的互联网公司虽然大多数都是模仿美国相应的互联网公司起步的，但是截至目前，它们都已经完成了原始积累，纯模仿的都已经消失了，存留下来的都是有所创新的。更为关键的是：BAT 已经成为中国最大的三家互联网公司，中国互联网发展了 20 年，现在形成了三足鼎立的格局，三家巨头形成各自的体系和战略规划，分别掌握着中国的信息型数据、交易型数据、关系型数据，然后利用与大众的通道不断兼并后起的创新企业。

最近五年三家巨头共投资了 30 家已上市公司和几百家未上市公司,如今中国互联网未上市且估值在前 30 名的公司,80%的背后有 BAT 的身影。它们将拥有中国的新兴产业，主导中国经济的未来。

在过去,中国的创业者最担心的就是自己的商业模式被 BAT 复制，而现在，这个问题已经演变为这些创新者最希望 BAT 能够投资甚至收购它们。并且还可能面对一个非常残酷的现实：如果不能入局 BAT，往往就意味着衰落甚至死亡。

这是由互联网的开放性决定的，今后任何一家公司，无论大小，如果不能敞开胸怀、互通有无，就很难有立足之地。

在争相投入 BAT 怀抱的背后，其实是创新型公司在争夺同大众建立链接的机会，因为这三家公司已经分别建立了同大众的链接：百度通过信息链接大众；阿里巴巴通过商品链接大众；腾讯通过社交链接大众。因此 BAT 三家的格局是很明朗的，它们各取所需，在自己的领域做到极致。

而在 BAT 争相吞并这些创新型企业的背后，也是在以最快的速度扩充地盘、扩大市值。因为相比于这些小企业，它们船大难掉头，冗繁的流程和机制严重阻碍了它们的创新，但是互联网又是一个特别讲究效率和灵活性的行业，尤其是移动互联网时代，机会越来越碎片化、行业越来越细分化，那些专注者反而更容易有所突破，对 BAT 来说自己创新绝不是合适的路径，最好的方式就是去兼并那些已经创新并且处于高增长的小型企业。

更为微妙的是，虽然有很多创新型企业看似细小，但是往往随时可以改变宏观格局，无论是滴滴打车、大众点评还是去哪儿，这些后起之秀加入了哪一个阵营，都很有可能导致新生态系统的形成。

这叫周瑜打黄盖，一个愿打一个愿挨。所以在一日千里的互联网大混战里，我们所看到的各种创新企业烧钱竞争或者合并，往往都是 BAT 在利用代理人扩充地盘而已，尽管有时这些公司自己也不清楚。

3. 互相隔离

三分天下最大的问题就是数据不共享。BAT 它们彼此间并不开放，腾讯和阿里巴巴、阿里巴巴和百度之间就相互屏蔽。它们奉行的发展原则一直是一边捍卫、一边扩张。不断强化核心业务，增加外部增长动力。守住护城河，然后再去攻城略地。

正是因为这种屏蔽和隔离，使中国互联网的效率一直停留在某一个层次。我们说未来是“场景时代”，真正的场景应该是连贯的，从信息到交易，再到社交应该一气呵成。如果某一天我们不需要重复登录各种 App 就可以完成一系列工作，这样才能给人极致的体验，并大大提高生活效率。然而三分天下的局面将会使信息、交易、社交三者之间互相断开。

这就好比你的社交、交易和感知，一定不是互相分开的，而一旦独立地看待它们，必定是有失偏颇的。

比如，百度虽然将信息一览无余地呈现出来，但是这些信息并不能直接用于我们的购物，因为商品的评论信息等相关数据都是阿里巴巴独自拥有的，阿里巴巴虽然拥有完整的商品大数据，但是这些购物行为并没有对我们的社交产生推动。

直到现在，三家从没有放弃攻克对方的妄想。比如，腾讯以超级社交 App——微信为核心开疆拓土（用户已经突破 7 亿），其微信支付一直受到支付宝的挑战，2016 年春节期间两家公司就引发了各自吐槽。阿里巴巴一直在努力通过微博、陌陌试图掌握关系型数据，腾讯和百度也一直努力进入交易型数据领域。

但最终结果证明：无论是哪一方都只能做自己最擅长的事情。

所以，现在 BAT 三足鼎立的格局只有两个出路：要么各自坚持纵深发展，自成一体、维持现状；要么被整合走向大一统，总之彼此竞争抗衡不是最明智的选择。

目前，我们所讲的 1+1 大于 2 的综合效应，也是停留在单独的信息、商品或者社交层面的，还不能称之为一个真正的生态系统。

互联网时代最大的特征就是资源共享，这方面的优势中国还没有发挥出来。归根结底，由于中国互联网缺乏一个市场广泛接受的、有法律约束力的连接权开放和公平使用规则，这不仅造成资源的浪费，更重要的是妨碍了中国互联网“从量变到质变”的进步。

比如，京东和阿里巴巴都在自建物流体系，包括中国铁路系统也在各地兴建物流园区，这是严重的资源浪费。如果未来的某一天，菜鸟物流占据中国物流能力的半壁江山，然后以平台的性质让其他电商平台使用，并且前端与商家打通，后面与最后一公里打通，那么中国物流的协作效率就会提升很多，因为物流的大数据形成了。

值得一提的是：优酷和土豆的合并、滴滴和快滴的合并、美团和大众点评的合并、去哪儿和携程的合并，这些平台从对立走向统一，看似不可能的整合，其实也在昭示着中国互联网走向大一统是迟早的事。

三分天下，必然会发生混战，无论是曹魏来犯、孙刘联手，还是各个击破、分而治之，抗衡是历史的必然阶段，然而天下大势，分久必合，合久必分。

中国未来一定会打造出一家超级互联网公司，将 BAT 收入囊中，再结合 VR、直播等新兴产业，通过高效协作和行业细分，来优化配置社会的各种资源，实现万物互联、价值共享。

CHAPTER 7

第七章

展望未来

在大机会时代，千万不要机会主义，我们要有战略耐性。

——任正非

第一节 先裂变后聚变

人类有史以来诞生的两种超级武器，分别是原子弹和氢弹，它们足以让人类发生翻天覆地的变化。而令人不敢想象的是，如今经济层面也在发生类似的效应。

当原子的原子核吸收一个中子以后，能分裂成两个或更多个质量较小的原子核，同时放出两个到三个中子，这些中子又能使别的原子核接着发生核裂变……这个过程不断持续进行下去，这一过程将释放出巨大的原子能，这也是原子弹的“裂变原理”。

而当两个原子核能够互相吸引而碰撞到一起时，就会生成质量更重的新原子核（如氦），此时中子能够逃离原子核的束缚而释放出来，这一过程中能够释放巨大的能量，这也是氢弹的“聚变原理”。

以上两者能量爆发的原理告诉我们：创造巨大能量的最好方式分别是“断裂”和“再组合”。

裂变的本质是将“整体”分裂成“个体”，聚变的本质是“个体”再聚合成“整体”。所有的道理都是相同的，如今的商业、社会，乃至国家格局，也正在经历这一神奇的变革过程。

还是那句话，21 世纪的革命不是从政治开始，而是从经济开始的。

原子裂变需在一种特定条件下才能发生，比如，极高的温度、极高的压强。传统社会也只有在极致条件之下才能发生这种质变，那就是极度的敏感、极度躁动的社会状态。

当然，外界撞击才是原子裂变的触发点，而互联网带来的突袭和破坏，即是传统社会裂变的真正诱因。

1. 组织是如何形成的

人类自从进入工业时代以来，社会的组织结构就依附于经济特征开始成型了。此时经济最大的特征是什么？四个字：整齐划一。这时社会的产品、服务往往被统一归类和制定标准，所以“规模”往往就等同于利润和价值，而有“标准”才能有“规模”，所谓“一流的企业做标准”就是我们能够追求的极致高度了。

人类为了不断追求“规模化、标准化”的目标，需要有固定、统一的行为，并且需要组织起来进行流水化生产，于是“企业”就出现了。有了企业就有了管理，管理的目标是为了更好地规模化、标准化。这时的管理属于“集中指挥式”，即由领导发布指令，员工之间需要对比谁能更快、更好地执行指令，这也决定着一个企业的管理水平。当然，此时员工也不需要有自己的想法，不需要独立思考能力，只需要提高执行效率。

所以，这时公司往往是金字塔分层制的结构，在规模化的催促下不断扩大生产规模，甚至全球化采购、全球化经营，这就是传统企业的经营思路和目标。

2. 分裂是如何开始的——裂变

互联网时代，每个人都是一个独立的ID。有了“独立”就有了“自我”。于是人性被束缚的那部分释放出来，比如，我们已经越来越厌倦朝九晚五，越来越不喜欢标准化的产品，我们只想做一个真正的自己。

但是，这些在大工业时代是不可能实现的，因为流水化生产的阶段过于关注自我就会造成协同效率低下，从而引起生产能力低下。而互联网却实现了这个过程，在互联网的协同时代，我们再也不需要KPI、不需要销售佣金、不需要绩效评估，我们只需要向消费者提供最独到的产品和服务，成为引领、激励和衡量一切事务的方向标。而这依靠的不再是管理制度，而是你能否充分发挥平台上成员的创造性。

因此，传统管理模式正在消失，而那些被奉为经典的管理教义也将渐渐失效。之前引领中国企业发展的主要有两种模式，一种是日本式的管理，强调融入感、价值观、归宿感等；还有一种是美国式创新，讲究的是创造性。今天看来无论多么经典的日本式管理理论，还是美国式管理模式我们都可以抛弃了。

此时如果我们还是强硬维护原来的组织形式，反而会将人的主动性和长处互相抵消。现在公司员工的积极性之所以低，无论使用多么经典的管理理论，都很难起到作用，那是因为大家需要释放，需要因势利导，而不是被管理。

这才是真正的经济革命。传统组织在断裂，平台在搭建，个人在解放。裂变从此开始……

3. 每个人都是一个独立经济体

当大量自由人通过互联网链接起来，就形成了崭新的社会组织架构。既然个体大量崛起，那么每个人的特长将成为其创造价值的最佳手段。因此，未来我们身边每个人都可以是专家，而且会非常细分，比如专门送外卖的、专门搬家的，等等，此时你的长处决定了你的高度。

所谓的网红经济，无非是更大的一个 ID 而已，在新的组织结构上，它可以引发更大的联动性，具备这种瞬间聚合的能力。所以，未来一定是发掘个体价值的时代，而那些早一天脱离传统组织去寻找自我的人，都是属于早一批觉醒的人。

而如果此时的你依然执着于安逸而规律的工作，很有可能未来只能胜任最不需要想法的工作，那么你极有可能处于能力最弱的环节，当你创造价值最弱时，收益也会最低，也有可能沦为社会的最低阶层。

4. 组织是如何再形成的——聚变

未来的人们会纷纷获取独立，但是社会上依然有很多工作需要团队协作完成，比如建造、生产等需要多人共同实施的工作，这就需要聚合的作用了。

无论社会怎么变化，只有联合起来才是王道。

未来不是不需要组织，而是将建立全新的组织。这是一种什么样的组织呢？它是一条条交织的价值链组成的网状型组织，自由者们可以利用自己的特长、资源展开多触点性质的合作，未来每个人都是 U

盘式的生存，今天可以插入这个团队，明天可以进入那个团队，这种网状组织看似有组织、无纪律，但又具备完善的价值分享机制，可以自助式运转，随时产生聚变与裂变效应，发挥巨大效能。

有人肯定会问，这种协作跟传统的协作区别在哪里？

首先，传统的协作要求每个人完成某一个固定的动作，是一种标准化的行为，属于“集中管理型”，而现在的协作是每个人的行为都不一样，属于“分散强化型”。

其次，在传统的协作里，同一个小组，或者同一流水线上的工人的待遇几乎是一样的，因为按工作量计酬，而今后的协作中每个人都会根据自己创造的价值获取回报。比如，一台空调安装到了你的家里，而负责设计、安装、客服、售后的都是不同的个人，环节的价值决定了获得回报的价值。

所以，未来组织一定是可以随时聚散的，招之则来、来则能战、战则能胜、胜后自散。

所以传统商业的格局是用“商品”来划分的，这时人随物动。比如，我们去超市、商场购物，所有的产品都是归类好的，相同的产品会被摆放在一起，由我们去挑选，这也可以称之为“物以类聚”。而未来商业格局是用“人群”划分的，产品被堆积的场合会越来越少，实体店、商城正在大量消失，大部分产品都是可以在线上直接呈现在消费者面前，并且不是按类划分的，而是根据每个人的个性习惯来推送的。同时，因为有了链接，那些志同道合的人可以聚合在一起，人群的汇聚将是最重要的力量，他们的聚散开始成为最重要的商业现象，这也是商业的“以人为本”，也可以称之为“人以群分”。因此，商业格局正从“物以类聚”升级到“人以群分”。

这就要求要有一种平等的、公开的自助式运作的系统，而不是一个中心来进行控制。这是一种生态化、多方协同的治理。此时才是真正意义上的小政府、大市场时代的到来。

创新、创意、创造成为人们前进的动力，利益相关、价值反馈将成为人与人之间连接的纽带。

这时我们再看看中国商业的变化，我们确实正在经历着这样一个过程：先裂变、后聚变。裂变是为了释放个体、释放人性，聚变是为了创造巨大能量，并且迅速膨胀。

第二节　七波红利

什么是红利？

先从小处说起。20 世纪 90 年代去深圳打工的，有一部分如今都变成了大老板；2004 年开淘宝店的，坚持下来年销售额轻松过千万的为数不少；2005 年开始炒房子的，如今固定资产动不动好几个亿的也不算少数；2007 年开始炒股的，几乎都是坐等着赚钱；2010 年玩微博的人都成了大 V；2012 年开始四处转帖做微信公众号的，如今都变成了平台。

再从大处说起：中国房地产资产从10余万亿元增至数百万亿元；中国的股票市值，从不足5万亿元增至60多万亿元；中国互联网从个人创业到如今的总市值突破5000亿美元。

那么，未来还有红利吗？

回答这个问题之前，我们先来系统地回顾一下“中国的红利简史”。

红利的基础——丰富的人口资源。

大家一定要记住一点，在大量人口涌向的方位，提前预留好的一个需求的缺口，就是红利。

所以，红利的根本要素是充分的人口。

新中国成立后，中国由四万万多同胞发展到1980年的十万万多同胞，且在1980年人口资源最为雄厚，有了人就有了潜在的需求，就有了广阔的大市场，这可是毛泽东时代给我们留下的最为宝贵的财富。

虽然那时中国引而不发，但这些人口资源对后来中国30多年的经济腾飞起到了决定性的作用。所以从这个角度来看，毛泽东不愧为是真正的战略者。

接下来的一波波红利正式开始了。

1. 第一波红利——商品的流动

中国在改革开放之前（计划经济时代）几乎没有真正流通的商品，那时即使你有钱也花不出去，因为花钱是需要受约束的，吃饭需要凭粮票，整个社会都把阶级斗争放在第一位，谁要是经商会被认为是搞投机倒把，被抓起来是要坐牢的。

所以一旦商品可以流动了，那将会迅速带动整个市场的发展。改革开放恰恰第一个就解决了这个问题，嗅觉极其敏锐的温州人就抓住了这一波红利，他们在全国走街串巷开始做起，后来开始倒买倒卖，进入原始积累状态。

2. 第二波红利——商品的制造

有了商品就有了工厂。当时中国各地开始兴建各种工厂，以满足瞬间扩大的内需和出口，比如，纺织服装厂、化工印染厂、制造业和能源消耗初级工业，等等，中国靠着大量而廉价的人力资源，成为西方发达国家加工产品的廉价雇佣军。中国制造业就是从这里开始起步的，于是很多“个体户”都开了工厂做了“大老板”，成了又一波红利的享受者。

3. 第三波红利——资源的变现

中国的政策放开之后，各地也出现了对国家资源进行乱采乱伐的现象。除了内需之外，还不计成本地向世界各国推销自己的资源，如稀土、煤炭、有色金属、石油等，只要能换来钱的，便不择手段钻各种政策的空子，大发横财。如山西的“煤老板”就是抓住这一波红利暴富的。

4. 第四波红利——互联网变革

中国如果没有互联网，改革开放的成效就不可能持续那么久。互联网对中国经济具有划时代的意义。互联网红利可以分为以下三个阶段。

（1）互联网 1.0 的红利——门户网站、游戏

互联网满足人们的第一个需求就是浏览资讯，因此当年的四大门户构成了互联网的大格局，也造就了一批财富新贵。2000 年 6 月丁磊创办的网易在纳斯达克正式挂牌上市；2000 年 7 月张朝阳创办的搜狐也在纳斯达克正式挂牌上市。

同时互联网也撬开了人类的另一个大需求——游戏。1999 年陈天桥以 50 万元启动资金创办盛大，2004 年盛大在纳斯达克上市，陈天桥一夜之间成为中国首富，传奇的故事也登峰造极。

但是，千万不要以为互联网的红利都是被巨头分享的。1999 年在兴宁市的一家网吧做网管的李兴平，仅凭一人之力在业余时间就做成“hao123 网站导航”这种方便大家浏览各大网站的工具，后来被百度用 5000 万元人民币外加部分百度股权收购。

所谓英雄不问出处，互联网把大家拉到了同一条起跑线上。

（2）互联网 2.0 的红利——电子商务、通信工具

当门户网站满足了人们获取资讯的快捷性之后，购物和社交成了人们的下一个需求。于是阿里巴巴和腾讯两大巨头开始迅速发展，它

们的上市以及马云的财富奇迹已经人人皆知，这里不再赘述。

而随后出现的中国第一批淘宝店主，以及开始贩卖 4 位数 QQ 号的网友，笔者倒觉得更值得一提。因为并不是每一个人都具备做大事的能力和条件，但是每一个人都可以潜心思考所处的时代特征，如果洞察到趋势和人们的需求，不妨提前有点行动，红利永远都是留给有准备的人。

（3）互联网 3.0 的红利——自媒体

随着互联网的“去中心化”和“强个人化”。个人的价值必然得到凸显，自媒体的经济价值得到体现。自媒体其实分为三个阶段：博客、微博和微信。

段子手、网红这样的新兴产物就抓住了这一波红利，这也意味着传统的“造星”手段不再是王道，那种需要出歌曲、去选秀、演电视、拍电影才能出名做明星的时代已经过时了。只要你有特征、有才能，互联网就是展现自己最好的舞台。

当然，恶俗的炒作也曾成为网络出名的主流，但是早已被人们遗忘，能够被铭记的必须依靠真正的才华。

5. 第五波红利——资产证券化

（1）股市

股票的本质就是上市公司向全社会募集发展资金，发展之后再向全体股东（持有该公司股票的股民）一起发放红利，这种全民参与的状态对经济发展有非常大的拉动作用，就像邓小平说的："金融搞活了，全盘皆活！"在那个"谈资色变"的年代，股份制被视为资本主义的洪水猛兽，而邓小平发表讲话表示支持。1986 年，邓小平又提出："金融改革的步子要迈大一些！"

1990 年 12 月，上海证券交易所、深圳证券交易所相继诞生了。尽管两市加起来仅有 13 只股票，但却具有划时代的意义：社会主义的中国终于有了自己的证券市场。截至目前，中国股市共出现了 8 轮牛市，每一轮牛市都是一轮红利！

（2）房市

1995 年，中国进行了住房改革。住房改革实际上就是将房子改造成了一种金融产品，但是在很多人眼里房子就是房子，而如果你把房子看成一种金融产品，你就明白为什么房价总在非理性飙升了，也就明白为什么真正的红利是意料之外、情理之中的了。

当然，无论是股市还是房子，一旦步入完善，都有涨有跌。显然这两者真正的红利期已经过去。

6. 第六波红利——超级城市化

我们先来看一个词：城市的"虹吸效应"。它是指拥有某种核心资源的城市，会通过资源的汇聚将别的地方的人才、资金、公司等资源吸引过来，从而减缓周边这些地区的发展，形成一家独大的现象。远的如日本的东京，近的如中国的北京，广东的深圳、广州，它们不断吸引精英资源涌向自己，然后就会对周边城市形成虹吸效应。

因此，处于核心区域的人，意味着拥有了最前端的理念、市场和政策、资源支持，中国现在就是这种情况：一线城市与二线城市、二线城市与三四级城市的资源和创业条件大不相同，这也是为什么一线城市房价疯长，二三线城市沉寂的根本原因。目前这种超级城市化带来的红利还在继续，笔者认为年轻人还会有分享这波红利的机会。

所以，当你意识到中国不仅在城镇化，还在超级城市化，也就明白为什么在北京、上海买房增值更快。

7. 未来的红利

讲了这么多过去的红利，那么未来的红利在哪里？

只要技术在更新，时代在发展，那么红利就永远存在。

（1）新农业红利

一是农产品。

- 如何种植出大家放心的农产品？
- 如何将农产品更快、更好地送到城市的消费者手里？

二是农村土地。

- 规模化种植时代即将到来，怎么才能拥有集中种植土地的能力？
- 农村土地开始商业化，该怎么开发和利用？

（2）智能化

- 办公和家居的智能化正在到来，哪些环节会让工作和生活更有趣？
- 当更高维度的交流到来时，我们是否该从微信转移了？
- 虚拟现实之后，电子商务结合 VR，是否又将是一番新天地？

（3）消费的提升

- 在什么情况之下，你的产品价格即使高一点，别人照样愿意去买？
- 依靠你的创意和才能，是不是可以为某个群体提供定制化产品？
- 有形的产品有价，无形的产品无价。

（4）90 后的新鲜性

- 如何利用“新新人类”—90 后给我们传统的事业注入新鲜血液？
- 所有的传统经验和理论都在推倒重建，你是不是可以先行一步？
- 已经渐入中年的 60 后、70 后，该如何更好地认知这个世界？

享受“红利”究竟是一种怎么样的体验？

这就好比你忽然看到了一部结局是意料之外、情理之中的电影。当然，有时你自己看的时候不知道，看完才恍然大悟。这就是红利的妙处，有时可遇而不可求。

第三节　金融思维

中国的金融业是最能实现中国梦的行业，为什么呢？因为无论你出身多么低微、学历多么普通，只要你肯努力，都会有机会迅速改变命运。

请切记：如果你相信了上面这些话，说明你已经输了。

金融很残酷。

如果要给“文艺青年”找个反义词，最恰当的就是“金融青年”。

1. 金融青年

如何理解上面那句话呢？

从明天起，我要有一所房子，面朝大海、春暖花开。从明天起，做一个幸福的人，喂马劈柴、周游世界。从明天起，我只关心身边的亲人、爱人和友人。

这一切的前提是：有一所房子，有一所房子，有一所房子……

关于房子，如果能用金融的思维去看待它，那么当年你就不会如此迷恋高晓松的那句“不买房，买梦想”的话了。

中国住房改革后，房子实际上已经成了一种金融产品。很多人之所以认为中国房价是天价，那是因为房子在他们眼里就只是房子。而如果你把房子看成一种金融产品，你就明白为什么中国房价居高不下了。

未来的每一件物品、每一项服务、每一个企业，都可以变成一种金融产品，然后对其进行资本运作。比如，电影的金融化，当你在看电影时，有人却在赌票房。

什么是资本运作？简言之就是推动资本依次流入最有效率的国家和地区、最有效率的产业、最有效率的企业、最有效率的项目、最有效率的个人，从而实现资本的增值和扩张。

中国正在全面金融化。今后一定要让自己的资产通过并购、基金、投资、入股、买壳上市迅速滚动起来。这一轮资产的金融化，在泡沫破灭之前就是中国的下一轮红利。

2. 工具箱意识

从现在开始，你必须要有工具箱意识。

即你的房子、车子、股票、工资等都是你的工具，你的目的不是彻底地拥有它们，而是利用它们。你要通过更新、倒手、赎回实现增值，然后推高自己的高度，从而可以配置更多资源。

金融的本质就是货币如何生货币。货币不是万恶之源，货币只是可以将一切量化。资产可以量化，思维可以量化，生命可以量化，感情可以量化，甚至时间都可以量化。

万物皆为我所用，万物皆不为我所有。一切有形资产都是身外之物，唯有你在这一过程中形成的思想、格局才是自己的。

为了配置更大、更多、更远的资源，你还需要明白经济杠杆原理。

3. 经济杠杆

给我一个支点，我就能撬起整个地球！这是古希腊科学家阿基米德的传世名言，意思是无论一个重量多么大的物体，只要我的杠杆够长，我就可以撬动它。杠杆原理是一项非常聪明的发明，我们完全可以撬动超出自己“力量”范围之外的东西。

这也是一个非常催人奋进的原理，它激励我们大胆地去改变世界。但是真正将这句话应用到极致并彻底改变世界的却是各类金融玩家们。

没有杠杆就没有金融。一切金融创新的本质就是平稳地把杠杆放大，一级杠杆 1∶3，二级杠杆再来一个 1∶3，整体系统叠加就变为 1∶9，还有三级、四级，甚至隐形杠杆。不付全款付首付，不付首付凑首付，还有配资炒股，等等，都是在加大杠杆。

加大杠杆不难，难的是杠杆级数要和你的掌控性匹配，否则就会失控。屡禁不绝的非法集资、小贷、担保等因资金链断裂而倒闭的事件，以及互联网金融屡屡爆出的失联、跑路事件皆因杠杆而起，因此一切金融危机的本质就是杠杆的失控。

对于国家来说，真正的智慧就是以信用为支点，设计一个风险可控的杠杆，去撬动和配置远方资源的制度。那才是国家高度的智慧，也是金融思维的精髓。

4. 四种角色

金融的本质就是钱生钱，这种逻辑将世界变成四种角色。

第一种角色：我有钱，我需要把钱变成更多的钱（资本家）。

第二种角色：我没有钱，我可以帮有钱的人把钱变成更多的钱（银行等机构）。

第三种角色：我没有钱，但我的想法可以变成钱（创业者）。

第四种角色：谁给我钱，我就帮他挣钱（打工者）。

所以，一切金融服务都是为有钱的人理财，为缺钱的人融资，然后以增值为目标，以杠杆为手段，以信用为基石，以边界为风险。金融的本质就是增值、信用、杠杆、风险这四个词的相互作用，从而形成大的运作系统。

这里信用格外重要，因为信用是杠杆的基础，你有信用，我才启动杠杆。没有信用也没有金融，信用是金融的立身之本，是金融的生命线。

在未来，你的信用比你的身份更重要。

5. 为实体服务

金融可以天马行空，但不可以虚无缥缈。

所谓在天成象，在地成形。金融的本质就是实体产业投射在天上的影像而已，金融必须踩着实体的节奏。

比如，对企业来说，你的盈利能力必须大于你的负债速度；对于融资平台来说，你的投资收益率必须大于承诺给客户的利息；对于银行来说，你对其放贷的企业风险一定要在你本身的承受能力之内。

一旦金融脱离实体节奏，就会进入泡沫阶段。而现在，我们就在面临这个问题。

以下是关于金融的五句至理名言：

- 人类不平等的根源是私有制，人类贫富差距过大的根源是金融。
- 当你还要靠勤奋才能获得成功时，说明已经输在起跑线上了。
- 真理永远都掌握在少数有钱人的手中。
- 比起穷这个弱点来，丑简直不值一提。
- 有些事不是努力就可以改变的，50元的人民币设计得再好看，也不如100元的招人喜欢。

所以，金融有时真的令人生厌。

6. 同人性博弈

无论炒股、投资还是买房，金融都是一个与人性博弈的过程。这种博弈分为四种境界：

技术—艺术—法术—道术。

纵横捭阖、抽丝剥茧、设点控局；洞察人性冷暖，解析大众行为，这一路走来，如果做到游刃有余、可收可发，便抵达了“道术”的境界。此时万事万物、相生相克、生老病死，一切在你心里来去自如。

最强的对手就是你自己。一旦战胜了自己，如同跳出三界外，不在五行中。宠辱不惊，看庭前花开花落；去留无意，望天上云卷云舒。

此时的你：人弃我取，人取我予。大我无我，众生之所求，正是你所舍。

最终，金融的最高境界是消灭金融。

第四节　百家争鸣

中国所发生的微妙变化总能在历史上找到对应点。比如，眼下的自媒体大繁荣，恰恰与2000年前春秋战国的“百家争鸣”遥相呼应，这不仅体现在格局上，还有背景上……

在春秋战国之前，周天子封疆裂土，1000 多个诸侯国恪守秩序、互相独立，大家都没有求变的动机及欲望，彼此相安无事，只需定期朝拜就行了。

因此，这个时期的中国人是最讲究礼仪的，当时《周礼》《仪礼》《礼记》合称“三礼”，涉及礼仪的条文从衣食住行到为人处世，从居官行政到建国立邦无所不包，洋洋洒洒共 3000 多条，组建了整个社会的运作秩序。称当时的中国人敬天爱人、相敬如宾、礼尚往来、路不拾遗，等等，一点也不为过。

然而，在公元前 771 年，周幽王“烽火戏诸侯”被犬戎杀死，西周终结。从此“天下”最终决裂，“国家”诞生。于是诸侯国开始互相争夺地盘，各种无节操、无底线、无下限的行为都出来了，而对于这些行为大家也渐渐地见怪不怪了。

孔夫子就经常感叹世风日下，各种伦理道德的丧失导致人心不古，更导致社会秩序一片混乱。这就是所谓的“礼崩乐坏”。

然而，最好的事一定在最坏的事之后发生，这是一个很重要的规律。

在这个动荡的大时代：弱国想变强、强国想称霸，大家都在奋发图强。这就给很多有理想、有抱负的人带来了机会，这些人未必是地主阶级出身，但他们可以通过自己的思想和主张获取利益集团的关注，然后获得做事的机会。

比如，秦孝公就是个“投资人”，被商鞅的一次“路演”深深吸引，于是任命商鞅作为秦国的“CEO”，给他 20 年时间让他建设一个强大的秦国。而当时社会上的这种情况数不胜数，利益集团与能人志士互相逐寻。

于是民间智慧得到了最大限度的激发，最终激荡出了一个伟大的时代，各种学术和流派形成了诸子百家争鸣的繁荣局面，这恰恰与同期的古希腊文明交相辉映。诸子指的是管子、老子、孔子、庄子、墨子、孟子、荀子等代表人物；百家指的是儒家、道家、墨家、名家、法家、阴阳家等不同学派。

这种不同学派知识分子的涌现及争芳斗艳的局面与如今的自媒体格局时代遥相呼应，如出一辙。

再想想现在，我们的舆论不再由高大上的中央级“媒体”独家把控，那种几十上百号人一边吃着“大锅饭”，一边调查、走访、编辑、排版、刊印、发行等的传统媒体运营模式正在被淘汰。

在互联网重构的扁平化、网状型的社会组织里，每个人都是一个信息节点（有大有小而已），自媒体摧毁了传统媒体的单向说教，让每一个人都可以参与发言，未来人人都是一个自媒体，全民皆媒体。这种裂变效应散发的能量是十分巨大的。舆论开始下沉、精英人士开始上浮，私学在勃兴，民间思想开始发挥巨大的力量。

在春秋战国时期，很多思想者都是独立的，他们都从当时的格局出发，著书立说、议论时事、阐述哲理、游说讲学。但他们并非依赖于某一方政治势力，而是“用我则留，不用我则去”，所以孔子一直在周游列国，自嘲如同“丧家之犬”。

这些思想者还有个原则叫：“不治而议论”，“不治”即“不任职”，“议论”就是议论时政、国事、治乱之策，以实现智囊团的功能。这是在宽松自由的舆论氛围内，对统治者的政治行为提出批评意见和建议，他们很少有阿谀奉承、溜须拍马的情况，这促成了他们独立思考的人格和创造性探索的特质，这一点也是最难得的。

有意见相同的人就抱团形成一派，这就好比现在的“社群”，当社群的影响力达到一定程度之后甚至可以影响国策的制定。因此，自媒体是社群的中心。

随着各种学术相继推出，各种代表人物被推到了历史舞台上，大家求同存异，互相说理但不谩骂，这种局面最终被秦始皇的“焚书坑儒”宣告结束，并且在随后的 2000 年内再也没有出现过，而如今我们非常幸运地遇到了这个时代。

“百家争鸣”是在“礼崩乐坏”之后发生的，“自媒体繁荣”是传统社会秩序被互联网革命彻底打乱之后发生的，再比如民国的“新文化运动”也是在封建社会崩塌后提倡出来的。因为社会的重建特别需要新思想。

与春秋战国不同的是，我们把“百家争鸣”给产业化了，各种集团正在用全新的商业思维推动它的发展，如今自媒体成了中国最具代表性的新兴产业。

春秋战国当时有一句话叫：“天子失官，学在四夷”。意思是原本垄断天下的贵族文化，开始向社会下层扩散，致使“私学勃兴”。于是齐国的“稷下学宫”成了世界上第一所私家主持的特殊形式的高等学府，百家争鸣就是以稷下学宫为中心的。

在百家争鸣时期，思想学派的终极目标是想参与治国安邦，或者成就霸业、一统中国。而在互联网时代，自媒体产业背后的价值是什么呢？其实是“话语权”的权重，它的商业价值最后都体现在这三个字上面。

比如，2016 年春晚六小龄童被“万人请愿”走上舞台，在这件事热闹与繁杂的背后，反映了一个正在发生的革命：觉醒的中国人迫切要求通过“话语权”参与公共事项的“决策权”，而自媒体的影响力越大，在中国话语权的权重就越大，甚至可以大到影响公共事件的发展。

无论如何，“话语权”的掌控开始由中央逐渐向民间转移，甚至最终会交还至每一个人手中。“话语权”正以自媒体为载体向各个角落渗透，它的传播更具渗透性、自发性、扩张性，呈现出“裂变”的势态，并且势如破竹。

自媒体的争鸣主要体现在“多元化”和“包容性”上，你是“小清新”，我是“重口味”，他是“揭秘者”，那边还有人玩“高大上”。

我不同意你的观点，但我捍卫你说话的权利。你如果看不惯我的风格，那你就自成一派，各有各的受众，各有各的规划。

有人纵横捭阖，有人装疯卖傻，有人危言耸听，有人一本正经。现在已有不少在“江湖”横空出世的自媒体，未来会涌现出更多的自媒体，就像百家争鸣中的道家、法家、儒家、杂家一样，异彩纷呈、百家齐放。

其实自媒体早已过了比拼粉丝数量和阅读量的阶段，接下来注重的是质量而非数量，或者说实实在在的价值，这样才决定了未来空间。

抓住红利期的人不要过于得意，还没有开始的人也不用着急。

这个时代只要开始了就不晚，尤其是那些知识健全、思想深刻、洞若观火，并能给大家带来正能量的人，真正的好时代才刚刚开始。

当然，现在已经形成自己的思想体系，并可以用来改造社会的自媒体还几乎没有。从这个角度来讲，自媒体还只能算是处于“百家争鸣”的雏形。同时各个自媒体之间既要相互争艳又要彼此欣赏和借鉴，这才是“百家争鸣”得以辉煌灿烂、群星闪烁的根本。

对于我们每一个人来说，在这个社会秩序正在重构的格局之下，只要具备正能量、大胸怀和独立思想，都可以在未来社会的构建中发挥一份力量。随风潜入夜，润物细无声，每个人都将为世界的运转注入润滑剂。百家争鸣、百花争艳的时代正在到来。

第五节　三大趋势

1. 未来所有现实都会被“模拟”

我们每个人都只坚信自己眼里看到的东西，这是人类的基本逻辑。

而现在的“虚拟增强现实”技术，即 VR（Virtual Reality，虚拟现实技术）、AR（Augmented Reality，增强现实技术）。VR 把你带入到虚拟世界里，AR 是把虚拟物品带到你面前。

人类以往的科学技术基本都是改造外界，比如，我们发明了各种各样的东西来丰富我们的生活，而从当下的虚拟增强现实技术开始，量变终于引起了质变，人类正在俗世中“超脱”，VR 虚拟现实正在增强现实技术能够把虚拟信息（物体、图片、视频、声音，等等）融合在现实环境中，虚拟现实不仅会涉及视觉、听觉，还会涉及嗅觉、触觉、味觉，构造一个与真实环境相似的世界，随时在你身边构建一个更加全面、更加美好的世界。

在未来，现实的边界会被彻底打开，千里之外的朋友可以“立即”站在你面前，你们甚至可以对话、拥抱，你也将会触摸到虚幻世界的任何物件。瞬间我们仿佛置身于某个世界中，这个世界并不虚拟，一杯茶、一片海、一座山，让你身临其境。

谷歌的一位专家称，到 2045 年我们人类就可以将整个思维传输到计算机上，届时你还相信我们生活的现实就是现实吗？你还只相信你眼里看到的东西吗？

2016 年是虚拟现实元年，目前至少有 2000 家公司从事 VR 的开发。到了技术成熟阶段，人们可以在各种世界里移步换景、穿越自如，你可能永远都不清楚自己是处于一个模拟的环境中还是一个真实的环境中，当然这也已经不重要了。真到假处真亦假，假到真处假亦真。

那时的你终于明白，你除了能确定自己的存在，周围所有的东西都有可能是虚拟的。因此，色即是空，空即是色。凡我心外之物，皆为虚妄。

2. 未来所有资产都会被“共享”

这句话暗指的是“共享经济”。未来的一切资产，包括有形的和无形的，都不再会被私人占有，为什么要这样说呢？

在人类走向极度繁荣的时代，即工业革命以来的这 300 年，所有的资本都归资本家所有，以至于贫富分化不断严重，为什么会发生这种情况呢？

因为在大工业年代，资本等同于资产，也叫生产资料，并且这种生产资料不具有可复制性，比如，工厂、设备、工人、商铺、土地等都属于生产资料，都掌握在资本家手里。

因此，马克思和列宁都认为必须通过暴力建立新政权才可以迎来共产主义。但是，他们无法预见的是，100 多年后的技术革命正在代替暴力革命，来完成这一历史使命。因为在互联网时代，资本家独占生产资料这一现实正在被打破。

因为大工业时代的资本是独占的，而且带有扩张性和侵略性，但在互联网时代，资本是可以复制的。关于共享经济笔者已经在上一部作品《跨界战争——商业重组与社会巨变》里详细阐述了，此处不再赘述。总之，共享经济的资源配置效率大大超过了市场经济。

在未来，一件物品究竟属于谁并不重要，重要的是我们每个人都可以使用它。共享经济就是共产经济的雏形，更是共产主义的立足点。

各种 App 能通过时间、地点、技能的匹配将物品的使用权分配到最需要它的地方，将资源利用率最大化，将多余资源转化成为生产力。因此，几乎所有产业都将会被共享经济所改变。未来经济一定是共享型的，互联网的存在逻辑是优化社会运行，让一切商业和工作模式的损耗降到最低。

3. 未来所有人都会获得“自由”

在马斯洛的需求原理模型里，人的最高需求是“自我实现”。按照这种逻辑，在他所处的年代里，只有 1%的人成功，认识才可以做到这一步。但是在互联网日益发达的今天，每个人都可以抵达这层境界。

在以往，为了生产，我们要去加入某个组织，然后被“集中指挥”，我们把工作当成谋生的手段。传统社会让很多人机械地工作，这束缚了人性。

而互联网给予人性回归的通道。互联网以大数据、云计算为基础，努力实现“多个服务个体”对接“多种个性化需求”，这就使那些在技能、人脉、服务上拥有一技之长的人，同样可以通过互联网平台，寻找到与之相配的工作，人们可以根据自己所擅长的来自由支配自己要在什么时间、什么场所做什么样的事情，根据自己的兴趣所在，制定目标，决定自己要成就一番怎样的事业。

今后将有无数个体创业者、经营者兴起。人的定位从价值链上的分工者转向单一的创造者。以前我们为了生存，总是在迎合市场、依附公司、附和组织，而现在我们可以做一回自己。

未来每一个人都是一个独立的经济体。既可以独立完成某项任务，也可以依靠协作和组织去执行系统性工程，所以社会既不缺乏细枝末节的耕耘者，也不缺少具备执行浩瀚工程的组织和团队。社会就是一个庞大的网络，而每个人都成了一个 ID。

同时我们也可以发现，现在公司员工的积极性越来越低，无论使用多么经典的管理理论，都很难起到作用。那是因为大家需要释放，需要因势利导，而不是被管理。

我们每个人都将迎来自身发展史上的黄金时代。因为我们的兴趣和潜能得到释放，最主要的是，我们每一个人都将获得自由和重生！

再回过头来看这三句话：

- 未来所有现实都会被“模拟”；
- 未来所有资产都会被“共享”；
- 未来所有人都会获得“自由”。

现实被打破，财富被共享，个体被解放，人类正在迎接最好的时代，新的社会文明正在形成。

第六节　转变与预言

1. 中国正在经历的转变点

（1）传统奋斗的五大关键词：背景、学历、资源、人脉、资历；今后奋斗的五大关键词：知识、创新、独立、个性、理想。

（2）原来赚取利润需要外求，需要依赖机会和运气；今后赚取利润需要内求，必须充分发掘自我。

（3）第一次改革开放的机会在于胆识和魄力；深化改革后的机会在于才华和理想。

（4）过去是你的短处决定了你的水平，今后你的长处才决定了你的水平；以前避短做综合，今后是扬长做极致。

（5）工业时代最重要的动力是资本；信息时代最重要的动力是人才。

（6）原来的商业模式总是绕不开“同质化竞争”；今后的商业模式必须奉行“差异化共存”。

（7）原来的企业是横向发展，越做越大，涉及面越来越宽；今后的企业是纵向发展，越做越精，挖掘度越来越深。

（8）原来的企业在于凝聚力；而现在的企业在解体、集体在分解，自由职业大量兴起，整个中国开始裂变，裂变释放的能量是巨大的。

（9）中国经济的增长动力先后由“权力驱动”切换成“市场驱动”，再到“价值驱动”。离政府越来越远，离群众越来越近；离投机越来越远，离创新越来越近。

（10）人与人之间的联动，以前是“人际关系”；今后是“价值链接”。那些错综复杂、纠缠不清的人际关系开始断裂，未来一切将以“价值”为导向。

（11）原来的产品是由研发团队设计的；未来的产品是消费者自己设计的。

（12）原来的经济流向是从“生产”到“消费”；未来的经济流向是从“消费”到“生产”。

（13）未来每个人都可以有自己的产品。

（14）原来的制度设计的核心是如何利用并束缚人性的贪婪；今后的制度设计核心在于如何激发人的创造性。

（15）原来是有什么样的“生产者”就有什么样的“产品”；今后是有什么样的“消费者”就有什么样的“产品”。中国人的品位、水平和价值导向，决定了中国经济的组成。

（16）传统的中国社会结构是有阶梯和等级的金字塔式；未来的中国社会结构是平流层式的扁平面式。

（17）一大批死守社会旧秩序的人必然走向消亡；一大批看清社会新趋势的人将成为时代的弄潮儿。无破则不立。

2. 对未来的 30 个预言

如今中国的变化日新月异，甚至可以移步换景。但是万变不离其宗，当你开始关注变化的本质，而不是变化的结果时，你就会越来越深刻地体会到其中的那股规律波。因此在本书的最后，关于中国的未来，笔者总结了 30 个预言。

（1）未来产业分为三种。一维的传统产业—二维的互联网产业—三维的智能科技产业。一维世界正在推倒重建，二维世界被划分完毕（由 BAT 掌控），三维世界正在形成。高维挑战低维总有优势，所以网店可以冲击实体店，而微信的对手一定将在智能领域诞生。因此，真正的好戏还在后面。

（2）中国当下的企业分为三个等级。三等企业做服务—二等企业做产品—一等企业做平台。今后企业的出路唯有升级成平台，平台化的本质就是给创造者提供创造价值的机会。

（3）中国互联网进化论：PC 互联网—移动互联网—物联网。PC 互联网解决了信息对称，移动互联网解决了效率对接，未来的物联网需要解决万物互联，即数据自由共享、价值按需分配。“互联网+”的本质就是搭建一个底层建筑，使上面的每一个人都可以迅速找到目标，无论是找客户、找恋人还是找伙伴。

（4）中国电子商务进化论：B2B—B2C—C2C—C2B—C2F。从商

家对商家到商家对个人、个人对个人、个人对商家，最终是个人对工厂。未来每一件产品，在生产之前就知道它的顾客是谁，个性化时代的到来，意味着跨国生产和定制。

（5）中国的电子商务正在改变城市格局。“北上广深”正在变成“北上深杭”。传统贸易的衰落将广州拉下马，跨境电商的兴起将杭州扶上位，未来中国的城市格局应该是“北京的权力调控+上海的金融运作+深圳的智能科技+杭州的电子商务”。

（6）中国经济结构进化论：计划经济—市场经济—共享经济—共产经济。从“按计划生产，按计划消费”，到“按市场生产，按利润分配”，再到“按消费生产，按价值分配”，未来中国一定会“按需求生产，按需求分配”，满足人们的一切需求，这就是共产主义。

（7）中国产业链的流向正在逆袭。以前是先生产再消费，即生产者—经销商—消费者。未来一定是先消费再生产，即消费者—设计者—生产者。因此，传统经销商这个群体将消失，而能够根据消费者的想法转化成产品的设计师将大量出现。

（8）中国广告业态的进化论：媒介为王—技术为王—内容为王—产品为王。传统广告总是依靠媒介的力量去影响人，比如，央视的招投标。后来的互联网广告开始依靠技术实现精准投放，比如，按区域、按收入、按时段投放。再后来社交媒体的崛起使好的广告能自发传播，而未来最好的广告一定就是产品本身，最好的产品也一定具备广告效应。

（9）中国商业角逐的核心先后经历了：地段—流量—粉丝三个阶

段，房地产经营的就是地段，传统互联网经营的就是流量，自媒体经营的是粉丝。而未来是“影响力”和“号召力”之争，“核心粉丝”的瞬间联动是未来商业的“引力波”。

（10）中国媒体的进化论：传统媒体—新媒体—自媒体—信息流。媒体正在由集中走向发散，由统一走向制衡。自媒体的兴起将产生两大结果，第一，激起了更多人的创作热情，文字作为人的一种基本属性终于被找回，感性的一面被激发，可以滋润这个越来越机械化的世界；第二，中国的话语权开始裂变，普通民众迫切要求参与公共事务的决策权，比如，春晚到底该邀请谁。而未来人人都是一个自媒体，信息流的产生将让媒体消亡。

（11）行业将越来越细分，行业将越来越垂直，协作越来越完善。因此，传统的“木桶原理”不再成立，以前我们总在弥补自己的短板，因为你的短板限制了你的综合水平；今后我们将不断延展自己的长处，因为你的长处决定了你的水平。你只需要将自己擅长的一方面发挥到极致，就会有人与你协作，这叫“长板原理”。

（12）中国社会的传统关系网被不断撕裂，以价值分配为关系，新的链接正在形成，每个人都是一个节点，进行价值传输。新的社会架构讲究的是“规则”而不是“关系”。而你所处的地位和层级，是由你所带来的价值决定的。

（13）人们正在由外求变成内求。外求即求关系、求渠道、求资源、求人脉、求机会；内求即坦诚面对自己内心最真实的一面，激发起兴趣、热情、希望、理想。当你做好你自己，外界的东西就会被你吸引过来，这就是所谓的求人不如求己。

（14）对于未来每个人来说，有一种东西会变得很重要，那就是信用。行为—信用—能力—人格—财富。在大数据的帮助下，你的行为就是你的信用值，信用度就是支点，能力是杠杆，人格是动力，联合撬动的力量范围，就是你所掌控世界的大小。

（15）传统社会的总财富是这样创造出来的：人们依托固定公司，在固定时间、固定地点重复固定的劳动，属于被动式劳动。未来社会的总财富是这样创造出来的：人们依靠自身特长，点对点地对接和完成每一个需求，充分融入到社会的每一个环节，属于主动式创造。因此整个社会财富将实现裂变式增长。

（16）更多的公司和集体都将消失，各种垂直的平台将诞生，大量自由职业兴起。中国社会的组织结构从公司+员工，变成平台+个人。每个人都将冲破传统枷锁的束缚，获得重生的机会，关键就看你是否激发了自身潜在的能量。

（17）未来每一个人都是一个独立的经济体。既可以独立完成某项任务，也可以依靠协作和组织去执行系统性工程，所以社会既不缺乏细枝末节的耕耘者，也不缺少具备执行浩瀚工程的组织和团队。

（18）未来如何拥有自己的产品？逻辑应该是这样的：创意—表达—展示—订单—生产—客户。当你有一个想法时，你可以先表达出来，然后在平台上进行展示（这样的平台会越来越多），吸引喜欢的人去下单，拿到订单后可以找工厂生产（不用担心量太少，今后的生产一定会精细化和定制化），最后再送到消费者手里。

（19）今后将无工可打。打工的本质是定价出卖自己的劳动力，并不承担结果。随着雇佣时代的结束，你必须主动思考和去解决问题，并竭力发挥自己的特长，为社会和他人创造价值，否则你就没有存在的价值。中国人的工作方式正在从“谋生”到“创造”升级。

（20）今后将无生意可做。传统社会之所以有生意可做，是因为信息的不对称使社会的“供给”和“需求”始终是错位的，这就需要商人的商业行为去对接它们，并从中谋利。而互联网搭建起的商业基础会越来越完善，今后两者可以随时精准连接。所有的中间环节都没有了，赚差价的逻辑也就不存在了。“经商”一词需要再定义，温州人的那一套思维彻底落伍了。

（21）社会结构将越来越精密细致。以前每一个“需求”和“供给”都由企业完成，今后都可以是由个人完成的。可以做一个这样的比喻：如果经济是一场血液循环，那么今后它的毛细血管会更加丰富，输送和供氧能力会更加强大。

（22）中国人找回信仰。找回信仰的逻辑：新规则—新秩序—新精神—信仰。具体来说就是中国正在建立一套完善而合理的社会秩序，让每个人都能各尽其才，各取所需。在此基础上形成了新秩序，而秩序的运转将产生新的精神，比如，契约精神。精神的碰撞激发起内心的向往，一旦我们心有所属，这就是信仰。

（23）法治的最高境界是人治，人治的最高境界是无治。什么才是无治？即依靠利益关联进行互相制衡，在互联网时代，每个人都与外界有无数个连接点，依靠这些连接点，每个人的处境都将直接绑定自己的行为，贪婪、懒惰、无知作为人性的负面，都将被自然克制。

（24）中国商业未来 10 年内的主题都将离不开“跨界互联”，以“互联网+”为基础，不同行业之间互相渗透、兼并、联合，从而构成了商业新的上层建筑。这也是笔者《跨界战争—商业重组与社会巨变》作品中所描写的内容。不同业态将互相制衡，最终达到一种平衡的状态，从而形成新的商业生态系统。

（25）中国未来社会的完善，离不开一批有“匠心”的人，也就是那些脚踏实地的人。比如，工匠、程序员、设计师、编剧、作家、艺术家，等等，因为互联网已经把社会的框架搭建完成，剩下的就是灵魂填充。所以即便是普通的工作岗位，他们的社会地位也将获得提升，将获得尊重。

（26）中国精神文明的红利期正在到来。传统的物质文明进展步伐已经开始放慢，因为工业化已经将社会各项硬性设施布局完善，物质的野蛮增长期已经过去，而互联网又已经把所有的链接搭建完毕，柔性内容开始呈猛增态势，新文化行业将是另一个增长点。

（27）中国今后的私有财产会更加神圣。每个人的行为都会围绕利益展开，而且目标简单而明确，财富分配不再需要依靠政府主导，而是一种天然的价值回馈。汇聚大家之私，即成社会之公，此乃民富国强。

（28）中国未来只有三种角色，自下而上依次是：价值提供者—价值整合者—价值放大者。价值提供者是依靠个体劳动直接创造财富，比如，司机、医生、律师，等等，影响力大了可以靠名声创富，比如，明星、作家、大导演、名主持，等等。价值整合者是依靠配置社会资源间接创造财富，主要指的是企业家和各种组织的领导者，他们促进社会资源向最需要的地方流动。价值放大者是依靠平台或财富的力量去撬动企业和项目的成长，他们往往是大平台的拥有者或财团掌控者，比如，马云、马化腾、李彦宏、巴菲特、孙正义，等等，他们促使社会财富呈爆发式增长。三种角色不是固化的，而是可以流动的。

（29）中国人的财富形式先后经历了粮票（花钱的权利）—存款（现金数字）—房产（固定资产）—估值（虚拟财富）四个阶段，未来的财富形式一定是估值或市值，趋于虚拟和抽象，仅仅是一个数字。即你拥有多少财富，并不代表你就可以随便花费它们，而是代表你有支配这些财富的权利，财富多少意味着调动资源的大小。究其本质，是整个社会越来越共享化、公开化、公共化。

（30）中国未来将建立起一个伟大的“超级互联网公司”，将 BAT 收入囊中，通过高效协作和行业细分，来优化配置社会的各种资源，包括各种大大小小的、边边角角的“零部件”，不浪费一颗螺丝、不放弃一个灵魂，将整个社会带入价值创造和吸收的大循环。